# O DIREITO INGLÊS

# O DIREITO INGLÊS

## René David

Tradução
EDUARDO BRANDÃO

SÃO PAULO 2020

*Esta obra foi publicada originalmente em francês com o título*
*LE DROIT ANGLAIS por Presses Universitaires de France, Paris,*
*em 1987 (5ª edição atualizada).*
*Copyright © Presses Universitaires de France, 1965.*
*Copyright © 1997, Livraria Martins Fontes Editora Ltda.,*
*São Paulo, para a presente edição.*

**1ª edição** *1997*
**3ª edição** *2020*

**Tradução**
*EDUARDO BRANDÃO*

**Revisão técnica e da tradução**
*Dra. Isabella Soares Micali*
**Revisões gráficas**
*Celia Regina Faria Menin*
*Maria Cecília de Moura Madarás*
*Dinarte Zorzanelli da Silva*
**Produção gráfica**
*Geraldo Alves*
**Paginação**
*Studio 3 Desenvolvimento Editorial*

---

**Dados Internacionais de Catalogação na Publicação (CIP)**
**(Câmara Brasileira do Livro, SP, Brasil)**

David, René, 1906-1990.
  O direito inglês / René David ; tradução Eduardo Brandão ; [revisão técnica e da tradução Isabella Soares Micali]. – 3ª ed. – São Paulo : Editora WMF Martins Fontes, 2020. – (Biblioteca jurídica WMF)

  Título original: Le droit anglais.
  ISBN 978-85-469-0309-2

  1. Direito – Inglaterra I. Título. II. Série.

19-31675                                       CDU-34 (410.1)

**Índices para catálogo sistemático:**
1. Inglaterra : Direito   34 (410.1)

Iolanda Rodrigues Biode – Bibliotecária – CRB-8/10014

*Todos os direitos desta edição reservados à*
***Editora WMF Martins Fontes Ltda.***
*Rua Prof. Laerte Ramos de Carvalho, 133  01325-030  São Paulo  SP  Brasil*
*Tel. (11) 3293.8150  e-mail: info@wmfmartinsfontes.com.br*
*http://www.wmfmartinsfontes.com.br*

# Índice

*Introdução* ............................................................. VII

CAPÍTULO I – A tradição jurídica inglesa ............... 1

CAPÍTULO II – A organização judiciária ................ 17
  I. O poder judiciário ............................................ 17
  II. Cortes superiores ............................................ 20
  III. Outras jurisdições .......................................... 25
    1. Jurisdições civis ............................................ 25
    2. Jurisdições criminais .................................... 28
    3. Jurisdições especiais .................................... 30
  IV. Profissionais do direito .................................. 33

CAPÍTULO III – O processo civil e criminal .......... 35
  I. O processo civil ................................................ 35
  II. O processo penal ............................................. 46
  III. Os modos de recurso .................................... 60
    1. Julgamentos das Cortes superiores ............. 61
    2. Julgamentos das jurisdições inferiores ....... 65

CAPÍTULO IV – O direito constitucional ............... 73
  I. As liberdades públicas ..................................... 76
  II. O Estado e o poder público ........................... 82

CAPÍTULO V – A propriedade e o *trust* ................. 91
  I. A propriedade .................................................. 91
  II. O *trust* ............................................................. 99

CAPÍTULO VI – O direito das obrigações ............... 107
   I. Os *torts* (danos) ................................................. 108
   II. O contrato .......................................................... 111

*Bibliografia* ................................................................ 119

# Introdução

O direito inglês é o direito aplicado na Inglaterra e no País de Gales. Não é o direito dos países de língua inglesa ou de *Commonwealth* nem o do Reino Unido ou da Grã-Bretanha. Os direitos de *Commonwealth* às vezes são próximos do direito inglês, mas, em outros casos, podem ser bastante diferentes. O direito da Irlanda do Norte e o da Ilha de Man são bastante próximos do direito inglês, mas o da Escócia é muito diverso, como também o é o das ilhas anglo-normandas.

O domínio territorial limitado em que se aplica o direito inglês não constitui, porém, o critério com base no qual convém julgar seu valor e seu interesse. Comparável ao que foi o direito romano para os países do continente europeu e para inúmeros países extra-europeus, o direito inglês está na origem da maioria dos direitos dos países de língua inglesa, tendo exercido uma influência considerável sobre o direito de vários países que sofreram, numa época de sua história, a dominação britânica. Esses países podem ter-se emancipado da Inglaterra e seu direito pode ter adquirido ou conservado características próprias. Mas a marca inglesa muitas vezes permanece profunda nesses países, afetando a maneira de conceber o direito, os conceitos jurídicos utilizados, os métodos e o espírito dos juristas. Assim, o direito inglês, superando amplamente o domínio estrito de sua aplicação territorial, constitui o protótipo em que numerosos direitos se inspiraram; é por seu estudo que convém começar todo e qualquer estudo dos direitos pertencentes à "família de *common law*".

Uma obra como a presente não poderia ambicionar descrever em sua complexidade o direito inglês, nem mesmo expor seus princípios nos diferentes ramos que comporta. Nosso objetivo, por necessidade, será mais modesto. Preocupados em mostrar a originalidade do direito inglês e em ressaltar certas características particulares desse direito, exporemos de início, sumariamente, a tradição jurídica da Inglaterra.

Essa tradição faz o direito inglês apresentar-se-nos como possuidor de um caráter eminentemente contencioso e como dominado, em sua própria concepção, pelo processo; por isso, apresentaremos em seguida, em dois capítulos, os princípios que governam a organização judiciária inglesa, de um lado, e o processo civil e penal da Inglaterra, de outro.

Nos dois capítulos seguintes, estudaremos, atendo-nos ao conteúdo material do direito, uma matéria de "direito público", de um lado, o direito constitucional, e uma matéria de "direito privado", de outro, a propriedade e o *trust*.

Concluiremos, enfim, no último capítulo, com o direito das obrigações, para mostrar como – nesse ramo que é tido como o mais técnico e em que o comércio mundial parece pedir, nos dias de hoje, uma certa harmonização do direito, quando não sua unificação – o direito inglês também apresenta uma grande originalidade e repousa, sob muitos aspectos, em princípios que lhe são próprios.

Capítulo I
# *A tradição jurídica inglesa*

O direito inglês não pode ser compreendido, em sua oposição ao direito francês, se não levarmos em conta a maneira diferente pela qual os dois sistemas jurídicos foram elaborados e se desenvolveram na história.

O principal acontecimento que marcou, em sua história, o direito francês é a importância que tiveram, na França, os estudos do direito romano. Do início do século XIII ao fim do século XVIII, o ensino do direito foi realizado nas Universidades, na França, com base no direito romano; os "costumes" não eram ensinados, ou só o eram tardiamente e de maneira muito acessória. Todos os juízes das jurisdições superiores, bem como os advogados, tinham de ser, desde a época de São Luís, "juristas", isto é, licenciados em direito com formação universitária. Na França, os tribunais continuaram a aplicar em princípio os costumes, mas sua maneira de considerá-los, de interpretá-los, de adaptá-los, de completá-los, foi influenciada, de forma mais ou menos consciente, pelo direito erudito, que nas Universidades haviam aprendido a encarar como um modelo e que era, para eles, uma verdadeira razão escrita. A influência do direito romano foi considerável no Sul e na Alsácia (regiões de direito escrito), mais limitada no Norte (região de costumes);

tanto aqui como ali, ela foi, no fim das contas, importantíssima.

No início do século XIX, o legislador interveio com a finalidade de completar a obra da jurisprudência. Pela promulgação de códigos, ele unificou e reformou os costumes e tornou aplicável na França o sistema racional que as Universidades haviam elaborado, partindo da base do direito romano. Abriu-se, assim, uma nova era na França, mediante a substituição das antigas compilações romanas, de um lado, e dos costumes, de outro, por um corpo de direito moderno, promulgado pelo legislador e fundado na razão. A ruptura com a tradição, todavia, foi mais aparente que real. Nossa concepção do direito permanece bastante marcada pela ciência dos romanistas. O direito por excelência continua a ser, para nós, o direito privado, que rege as relações entre os particulares; o direito público, pelo qual os juristas romanos não se interessaram, só se afirma com certa dificuldade quando modelado à imagem do direito privado. Nossos conceitos e nossas categorias jurídicas permanecem essencialmente os conceitos e as categorias ensinados nas Universidades, tendo por base o direito romano. O direito continua a ser visto, antes de mais nada, como um modelo de organização, uma espécie de moral social; nossa regra de direito visa ensinar aos indivíduos como devem se comportar; ela não é concebida sob o prisma do processo, sua meta essencial não é dizer como determinado litígio deve ser resolvido. Os códigos são vistos como um ponto de partida, uma base a partir da qual se desenvolve o raciocínio dos juristas, para descobrirem a solução a aplicar.

De todos esses pontos de vista, o direito inglês se opõe ao direito francês. O renascimento dos estudos de direito romano, esse fenômeno europeu, permaneceu acadêmico na Inglaterra. As Universidades inglesas também ensinaram, é verdade, apenas o direito romano, mas sua influência foi desprezível, pois nunca se exigiu, na Inglaterra, que juízes ou advogados tivessem título universitário. Ao contrário do que aconteceu na França, onde as jurisdições que aplicavam os costumes locais caíram em desuso. As Cortes Reais que as substituíram não foram, em teoria, durante muito tempo, mais que jurisdições de exceção e, por esse motivo, não puderam acolher o "sistema" que o direito romano constituía; elas elaboraram um novo direito, a *common law*, para cuja formação o direito romano desempenhou um papel muito limitado.

Não há, na Inglaterra, códigos como encontramos na França, e apenas em matérias especiais foi feito um esforço para apresentar o direito de forma sistemática. Não é isso um acaso. A concepção do direito que os ingleses sustentam é, de fato, ao contrário da que prevalece no continente europeu, essencialmente jurisprudencial, ligada ao contencioso. O direito inglês, que foi elaborado pelas Cortes Reais, apresenta-se aos ingleses como o conjunto das regras processuais e materiais que essas Cortes consolidaram e aplicaram tendo em vista a solução dos litígios. A regra de direito inglesa (*legal rule*), condicionada historicamente, de modo estrito, pelo processo, não possui o caráter de generalidade que tem na França uma regra de direito formulada pela doutrina ou pelo legislador. As categorias e conceitos, no direito inglês, derivam de regras processuais formalistas que as Cortes Reais foram obrigadas a observar até uma época recente; a distinção entre direito público e direito privado, em particular, por esse motivo, é desconhecida na Inglaterra.

Como se explica essa oposição total entre direito inglês e direito francês?

O fator decisivo que é a sua causa deve ser buscado bem longe na história, na conquista da Inglaterra pelos normandos. O poder real se desenvolveu, devido a esse fato, em condições bem particulares na Inglaterra, onde, por um lado, o feudalismo adquiriu um aspecto muito diferente do que tinha na França e onde, por outro, a justiça real teve um desenvolvimento bem diferente do que conheceu a França.

Aqui, as jurisdições tradicionais subsistiram com sua competência geral, e a autoridade real limitou-se a submetê-las gradualmente a seu controle. Já na Inglaterra, as jurisdições tradicionais foram despojadas por novas Cortes Reais. Mas a competência destas ficou restrita, originalmente, aos litígios em que o interesse da Coroa estava em pauta. O direito aplicado pelas Cortes Reais apresentou-se, nessas condições, de início, como um direito público, distinto dos costumes locais que as jurisdições tradicionais aplicavam. Ao contrário destes, aquele valia para todo o reino; por isso foi chamado *comune ley* ou *common law*. Aconteceu, porém, que os particulares, por diversas razões, abandonaram as jurisdições locais, que julgavam seus processos de acordo com os costumes locais, e dirigiram-se em todos os casos, para julgamento, às Cortes Reais, porque estas julgavam de acordo com regras processuais mais modernas e porque a execução de suas decisões era garantida de maneira mais eficiente. As Cortes Reais desejavam ampliar sua competência, por isso acolheram de bom grado as solicitações que lhes eram feitas e vieram, assim, a abranger todos os litígios, recorrendo a uma ficção que lhes permitia, em todos os casos, pretender que o litígio a elas submetido concernia à Coroa. Nessas condições, a *common law* deixou de ser o direito público que fora; ela se tornou um sistema geral comportando regras para todas as situações, tanto de direito público como de direito privado.

O desenvolvimento da *common law* não se produziu sem atritos. Os senhores feudais, que haviam assumido, em seus domínios, a administração da justiça e que arrecadavam seus ganhos, opuseram-se à extensão da competência das Cortes Reais. Por isso, o desenvolvimento dessa competência só se realizou gradativamente e sempre permanecendo, na medida do possível, no âmbito das normas processuais antigas. Os juízes só ampliaram sua competência caso a caso (*super casum, on the case*); e fizeram-no, principalmente, considerando que a conduta do réu apresentava um aspecto quase delitual e permitindo que o autor, com base nisso, agisse por meio da regra processual relativamente satisfatória prevista pela *common law* quando um delito particular, o de *trespass*, era alegado.

As jurisdições locais e senhoriais deixaram de ter importância no século XV. Desde essa época, as Cortes Reais foram, de fato, jurisdições de direito comum, com uma competência universal. Mas elas permaneceram, em teoria, até a segunda metade do século XIX, jurisdições de exceção; era necessário, em primeiro lugar, conseguir com que elas admitissem sua competência, antes de poder submeter-lhes um litígio quanto ao mérito.

Essas dificuldades de ordem processual, expressas pelo brocardo *Remedies precede Rights*, marcaram profundamente o desenvolvimento da *common law*. Sempre foi necessário convencer a Corte de que a lide a ela submetida era, por sua natureza, uma causa que a Corte podia e devia julgar. Nessas condições, nem se podia cogitar propor-lhe conceitos e soluções romanos, por mais razoáveis e perfeitos que pudessem ser. O direito romano podia seduzir jurisdições com uma competência geral; nas jurisdições de exceção, como eram as Cortes Reais, não se tinha a mesma liberdade de manobra: era-se obrigado a situar-se no âmbito das normas processuais formalistas existentes. Juízes e advogados só puderam elaborar a *common law* utilizando os conceitos ligados a essas normas processuais; só se pode ampliar o âmbito estreito dessas normas de precedente em precedente; não foi possível acolher as categorias racionais e os princípios do direito romano.

A necessidade de permanecer no âmbito das normas processuais que existiam no século XIII imprimiu ao desenvolvimento da *common law* um caráter deveras artificial. Certas normas processuais arcaicas – dentre as quais a prova, por exemplo, que só podia ser produzida por meio de ordálios ou recorrendo-se ao julgamento de Deus – foram abandonadas. Outras, ao contrário, mais modernas, foram cada vez mais utilizadas, graças a uma ampliação progressiva de suas condições de abertura e de emprego; e foi nesse âmbito por elas proporcionado que, sem pretensão de agir de forma racional, tornou-se necessário sancionar os direitos que haviam escapado, outrora, à competência das Cortes de *common law*. Assim, a ação de *trespass*, que servia originariamente para sancionar um delito civil particular, passou a ser utilizada, numa variante chamada *assumpsit*, para sancionar a má execução, depois a inexecução total de uma obrigação contratual, pois nenhuma outra "forma de ação" existente no século XIII permitia obter, nesse contexto, resultados satisfatórios. O formalismo da Idade Média foi progressivamente atenuado, mas, em seu princípio, foi conservado até o século XIX. Os juristas ingleses foram levados, assim, a concentrar sua atenção no direito processual, que era sempre cheio de ciladas, em vez de concentrar-se no direito material. A preocupação essencial sempre foi, na Inglaterra, levar o processo a seu fim, frustrando todas as manobras do adversário; e, conseguindo-o, era necessário, além disso, remeter-se ao veredicto, freqüentemente imprevisível, de um júri. É fácil conceber que, nessas condições, o direito tenha sido considerado, na Inglaterra, sob o prisma processual, ou antes, das diferentes normas processuais que, segundo os casos, ele podia conter. O direito inglês não continha verdadeiramente regras materiais, mas apenas uma série de técnicas processuais graças às quais resolviam-se os litígios. O direito romano, em tais circunstâncias, não pôde ser utilizado como modelo da mesma maneira que o era no continente.

Entravadas pelo formalismo do processo, as Cortes Reais não puderam desenvolver a *common law* como teria sido necessário para mantê-la em harmonia com uma concepção da justiça que evoluía com o tempo. As partes numa disputa que não tivessem acesso às Cortes Reais, ou que não pudessem obter justiça dessas Cortes, tinham, porém, uma possibilidade: dirigir-se, por uma petição, ao rei, fonte de justiça, pois este não podia tolerar um mau funcionamento desta em seu reino. Ao rei era permitido, nos casos excepcionais, intervir em nome da consciência e da eqüidade, para proibir que uma pessoa abusasse da situação que existia em termos de direito estrito (*at law*), para exortá-la a comportar-se de acordo com a moral, para a salvação da sua alma, em suas relações com o peticionário. O sujeito assim admoestado, se não obedecesse de boa vontade, iria meditar na prisão, ou seus bens seriam objeto de seqüestro, até que voltasse a ter melhores sentimentos.

Raramente apresentadas e julgadas pelo próprio rei em seu Conselho até a guerra das Duas Rosas, essas petições tornaram-se, no século XVI, numerosíssimas e passaram a ser julgadas, fora do Conselho, por um alto funcionário da Coroa, o Chanceler. Com a multiplicação dos recursos, o Chanceler, por outro lado, em vez de procurar em cada caso o que a eqüidade exigia, acabou definindo "regras de eqüidade" (*rules of equity*) de acordo com as quais examinaria as petições que lhe eram dirigidas e julgaria os diferentes casos-tipos a ele submetidos. O método processual da Chancelaria, elaborado com base no modelo do processo canônico, era muito diferente do das Cortes de *common law*. Ao contrário desta, era inquisitório, escrito e nunca comportava um júri. Entre os casos-tipos submetidos com maior freqüência ao Chanceler figurava o caso do *trust*. Um indivíduo A transferia a propriedade de bens a outro, B, para que B, o *trustee*, os explorasse no interesse de um beneficiário, C. Essa combinação, que evoca a fidúcia do direito romano, era por diversas razões muito útil e muito utilizada na Inglaterra, notadamente porque a mulher casada não podia possuir bens em seu nome e porque o menor, de acordo com as regras do regime feudal, não podia herdar um imóvel. Mas a *common law* era incapaz para fazê-la respeitar; ela considerava o *trustee* um proprietário puro e simples, e não reconhecia nenhum caráter juridicamente obrigatório ao compromisso que assumira. O Chanceler, nessas condições, intervinha; ele enviava uma ordem judicial ao *trustee* e impunha-lhe, sob pena de prisão, ser fiel à sua promessa. Note-se que a *equity* – como veio a ser chamada a jurisprudência do Chanceler – não era contrária à *common law*; ela se limitava a fornecer à *common law* um complemento: não nega, em nosso caso, que o *trustee* seja proprietário. A regra de *common law* é, nesse sentido, respeitada, mas a *equity* impõe, fora e além da *common law*, obrigações ao *trustee*.

Desse modo, o direito inglês teve, desde o século XV, uma estrutura dualista que o opõe aos direitos do continente europeu. Ele é composto, de um lado, da *common law*, constituída *stricto sensu* pelas regras definidas pelas Cortes Reais de Westminster (Cortes de *common law*), e, de outro, pela *equity* (*rules of equity*), que consiste nos "remédios" admitidos e aplicados por uma Corte Real específica, a Corte da Chancelaria.

As relações entre Cortes de *common law* e Corte da Chancelaria nem sempre foram harmoniosas. Elas passaram, no século XVII, por uma violenta crise. O Parlamento insurgiu-se, nessa época, contra as intrusões do rei na administração do direito, representado a seus olhos pela *common law*, e contra a ameaça de arbitrariedade que representava o desenvolvimento dessas novas cortes, tais como a Corte do Chanceler ou, sobretudo, em matéria penal, a *Chambre des estoylles* (Câmara das Estrelas). Todavia, a luta terminou, por fim, com um compromisso. A *equity* correspondia, no século XVII, a uma necessidade; ela era necessária para completar uma *common law* demasiado formalista e esclerosada, que o Parlamento era incapaz de reformar. O Parlamento satisfez-se em obter a supressão de outra jurisdição que, como a *equity*, estava vinculada à "prerrogativa real" e que ameaçava ainda mais a liberdade: a da Câmara Estrelada (*Star Chamber*). A Corte da Chancelaria, competente apenas em matéria cível, subsistiu. No entanto, sentiu-se em perigo e, a partir de então, cessou de ampliar sua competência; também esforçou-se para escapar da acusação de arbitrariedade que por pouco não acarretou sua extinção; cada vez mais deixou de deliberar "em eqüidade" para aplicar verdadeiras regras de direito. A característica das regras de *equity* encontrou-se, desde então, no duplo fato de que se trata de regras aplicadas por uma Corte Real particular e de acordo com um processo diferente do que era utilizado nas Cortes de *common law*. A *equity* inglesa, investida de um caráter jurídico cada vez mais acentuado, deixou, assim, gradativamente, de ser *eqüidade*. Subsiste no entanto algo de suas origens: a outorga de um "remédio de *equity*" ou a aplicação de uma "regra de *equity*" sempre apresenta, para a Corte, certo caráter discricionário; só poderá obtê-la notadamente aquele que se apresentar perante a Corte com as mãos limpas (*clean hands*), não tendo cometido nenhum erro e nenhuma incúria.

O direito inglês, assim formado, evoluiu consideravelmente desde o século XIX e, ainda em nossos dias, está sujeito a uma ampla renovação.

No século XIX, uma importante reforma aboliu os diversos ritos processuais (*forms of action*) no âmbito dos quais desenvolvera-se a *common law*. As Cortes Reais tornaram-se, "*de jure*", as jurisdições de direito comum na Inglaterra, o que já vinham sendo, "*de facto*", há muito tempo. Seus ritos processuais foram simplificados e modernizados, tornando então possível, para os juristas ingleses, dedicar sua atenção em especial ao mérito do direito. No entanto, era tarde demais, nessa época, para acolher na Inglaterra o direito romano como se fizera vários séculos antes no continente, pois a *common law* e a *equity* existiam, com seus domínios e seus conceitos herdados das normas processuais antigas, e não se podia cogitar em abandonar nem uns nem outros.

Entre 1873 e 1875, outra importante reforma consistiu em reunir numa jurisdição superior única as diferentes Cortes Reais que até então existiam de maneira independente e, particularmente, em fundir Cortes de *common law* e Corte de *equity*. Com isso, as relações entre *common law* e *equity* foram profundamente transformadas; todavia, a distinção tradicional nem por isso deixou de existir. Todas as "divisões" da *Supreme Court of Judicature*, criada em 1875, podem, sem dúvida, aplicar hoje tanto as regras da *common law* quanto as regras ou remédios da *equity*. Mas, de fato, subsistem no seio da Corte dois tipos de ritos processuais: certos casos, levados a certos juízes, são tratados de acordo com um rito herdado das antigas Cortes de *common law*, enquanto outros são examinados de acordo com um rito herdado da antiga Corte da Chancelaria. Os juristas familiarizados com um desses ritos não o são com o outro; assim, a distinção fundamental entre os juristas ingleses continua sendo uma distinção entre *common lawyers* e *equity lawyers*, fundada numa consideração processual.

Convém assinalar, enfim, como um fenômeno típico do século XX, o novo papel representado no direito inglês pela legislação (*statute law*). Já no século XIX, como acabamos de ver, a legislação trouxe importantes reformas estruturais ao direito inglês, por oposição aos séculos precedentes, nos quais – como, aliás, na França – ela representara um papel bastante modesto. Na época atual, o "*Welfare State*" ("Estado Social" ou "Estado do bem-estar social") se esforça, na Inglaterra como na França, em criar uma nova sociedade, com mais igualdade e mais justiça. Neste contexto, a legislação e a regulamentação administrativa deverão desempenhar um papel primordial. O direito inglês, que até o século XX era um direito essencialmente jurisprudencial, atribui hoje uma importância cada vez maior à lei.

A passagem de um direito jurisprudencial a um direito legislativo foi fácil na França, onde a doutrina desempenhava um grande papel desde antes da era da codificação. De fato, a perspectiva do legislador não é fundamentalmente diferente da dos juristas: a regra de direito que ambos formulam é do mesmo tipo. É muito mais difícil para os ingleses passar do direito casuístico, jurisprudencial, a que foram habituados durante séculos, a um direito que encare as questões sob um prisma geral, como é, por natureza, o direito feito por um legislador. As próprias técnicas a que estão habituados juristas e juízes ingleses não servem muito bem a isso. A técnica inglesa não visa "interpretar" fórmulas mais ou menos gerais, estabelecidas pelo legislador. Ela é essencialmente uma técnica de "distinções". O jurista inglês, utilizando uma série de "precedentes" fornecidos pelas decisões judiciárias, procura encontrar a solução para o novo caso a ele submetido. Ele fica um tanto desorientado pela legislação; o legislador inglês não sabe redigir bem suas leis, e o jurista não as sabe aplicar bem. Daí resulta uma crise, para a qual se busca remédio em meios variados, em particular pela criação de jurisdições ou quase-jurisdições especializadas em certas questões ou na aplicação de certas leis (*administrative tribunals*), que o direito inglês até então desconhecia e que podem interpretar o direito inglês em outro espírito.

Enfim, neste capítulo sobre a tradição jurídica inglesa, devemos dizer algumas palavras sobre as técnicas seguidas pelos juristas ingleses na elaboração e na aplicação de seu direito, em particular sobre a "regra do precedente" que funciona na Inglaterra.

O direito inglês é, essencialmente, obra das Cortes Reais – Cortes de *common law* e Corte de *equity* –, que o criaram de precedente em precedente, buscando em cada caso a solução que era "razoável" consagrar. Esse modo de formação e de desenvolvimento do direito inglês acarreta várias conseqüências.

Em primeiro lugar, implica o reconhecimento de um certo valor dos "precedentes", isto é, das regras cuja existência os juízes reconheceram nos casos precedentemente submetidos a eles. Na falta de certa autoridade reconhecida a esses precedentes, não haveria, falando-se propriamente, um direito inglês, mas apenas soluções específicas, decididas, na verdade, pelo arbítrio do juiz. O direito inglês só pôde desenvolver-se e tornar-se um sistema porque, desde uma época bastante antiga – desde o século XIII –, existiram coletâneas de jurisprudência e porque os juízes levaram muito em consideração os precedentes.

A autoridade reconhecida aos precedentes é, por via de conseqüência, considerável, pois pode revelar-se como sendo a própria condição de existência de um direito inglês. No entanto, essa autoridade variou conforme a época. Tornou-se mais estrita no século XIX, época de expansão da indústria e do comércio, quando sentiu-se uma necessidade maior de segurança nas relações jurídicas. Deve-se, contudo, desconfiar um pouco das fórmulas que afirmam hoje, com grande rigidez, a obrigação, para certas jurisdições, de seguir determinados precedentes, estabelecidos por jurisdições de nível igual ou superior. Essas fórmulas são, em si, exatas, mas combinam com outro princípio que, de fato, vem atenuar-lhes o rigor.

Esse princípio, também resultante do caráter jurisprudencial do direito inglês, é o seguinte: quando um juiz, para aplicá-la, afirma uma regra de direito, só pode fazê-lo em consideração às circunstâncias do caso que lhe é submetido e em relação com essas circunstâncias. A obrigação de seguir os precedentes pode ser proclamada com vigor, mas, de fato, combina-se com a possibilidade de estabelecer distinções. O juiz seguramente levará em conta, em sua decisão, decisões judiciárias anteriormente tomadas, nunca dirá que algumas dessas decisões (tomadas por jurisdições de nível superior ou simplesmente igual ao da sua) foram mal proferidas. Mas ser-lhe-á possível, com freqüência, considerando as circunstâncias dos diversos casos, descobrir, na lide que lhe foi submetida, um elemento particular que não existia, ou que não fora considerado nos casos precedentes e que, se não lhe permite descartar a regra precedentemente estabelecida, pelo menos lhe possibilita precisá-la, completá-la, reformulá-la, de maneira que dê ao litígio a solução "razoável" que ele requer.

A técnica das distinções é, no direito inglês, direito jurisprudencial, a técnica fundamental. É por ela que o direito inglês evolui, apesar da regra do precedente que, tal como é formulada hoje em dia, parece lhe conferir uma extrema rigidez. Para apreciar com realismo a situação, não esqueçamos que, logo após a codificação francesa, certos autores viram nessa codificação o perigo de um estancamento imposto à evolução de nosso direito. Doutrina e jurisprudência souberam evitar esse perigo, recorrendo a fórmulas variadas, flexíveis, de interpretação dos textos. Graças à técnica das distinções que lhes é própria, os juristas ingleses podem conviver com a regra do precedente rígida em tese.

Interpretação de um lado, distinções do outro, são duas as técnicas que manifestam uma certa oposição entre direito francês e direito inglês. O direito francês se apresenta como um "sistema fechado", em que tudo, em tese, foi previsto pelo legislador. Nossas jurisdições sempre justificam suas decisões por textos, mas sabemos que essas jurisdições podem, ocasionalmente, ser originais em sua interpretação dos textos e renovar nosso direito. Já o direito inglês representa um "sistema aberto"; seus juristas reconhecem com franqueza que ele está sempre em via de elaboração, que é inacabado. No entanto, as distinções pelas quais pretende-se aperfeiçoá-lo muitas vezes têm como efeito modificá-lo: o princípio de que se partiu pode, depois de algum tempo, encontrar-se submerso sob a torrente de distinções que levam, no fim das contas, a consagrar o princípio inverso.

Aqui como lá, na Inglaterra como na França, o direito se revela, em última análise, pelo artifício de técnicas diversas, como algo vivo, por trás das fórmulas que procuram apresentá-lo como um corpo de regras imutáveis e sagradas.

Capítulo II
# *A organização judiciária*

## I. O poder judiciário

A organização judiciária da Inglaterra, baseada em princípios totalmente diferentes dos que são aceitos na França, tem como base uma distinção fundamental entre dois tipos de jurisdições: Cortes superiores de um lado, e Cortes inferiores de outro.

O critério dessa distinção, assim como sua origem, são pouco nítidos. Sem dúvida, podemos relacioná-lo com a distinção, antiga, entre alta e baixa justiça. Em seu alcance atual, ela se analisa essencialmente da seguinte maneira: as Cortes inferiores são encarregadas de resolver os litígios, sendo essa sua única função; as Cortes superiores, por sua vez, têm, além e independentemente dessa tarefa, outra função e outra dignidade, eminente: estão encarregadas de dizer o que é o direito e representam, na Inglaterra, o *poder judiciário*.

A distinção assim feita não é familiar aos juristas franceses, para os quais existe uma função jurisdicional, autoridades judiciárias, mas não, verdadeiramente, um *poder* judiciário. A Constituição francesa de 1958, falando simplesmente de "autoridade judiciária", acomodou nesse ponto a terminologia ao que era, desde há muito, a realidade da vida política francesa. Na Inglaterra, porém, a situação é outra. Nesse país, o direito nunca foi formulado pelo legislador, como aconteceu na França no século XIX. A *common law* não é considerada uma criação do soberano; baseada na razão, ela é essencialmente obra de personalidades importantes que, encarregadas da missão de velar pela administração da justiça, foram igualmente encarregadas da missão de dirigir o desenvolvimento do direito. Essas personalidades são os juízes das Cortes superiores.

O caráter jurisprudencial que o direito inglês revestiu até nossos dias é, assim, a razão principal que permite reconhecer a existência na Inglaterra de um poder judiciário. O papel dos tribunais nunca foi exatamente o mesmo na França, onde os princípios do direito eram ensinados pela doutrina nas Universidades; ele diminuiu ainda mais quando, por ocasião da Revolução, de um lado codificou-se o direito e, de outro, proclamou-se um princípio de separação entre autoridades administrativas e judiciárias. O poder judiciário inglês, encarregado de controlar a aplicação do direito, não foi submetido a essas restrições: na Inglaterra não existem códigos e as Cortes devem controlar a legalidade dos atos da administração; elas podem intervir por ordens de *mandamus* ou de *prohibition*, para ordenar que a administração cumpra um ato que lhe é imposto pelo direito ou para vedar-lhe um comportamento ilegal. Portanto, os motivos que, na França, acarretaram certo enfraquecimento do poder judiciário não tiveram efeito na Inglaterra, onde a noção desse poder, entendido como um poder verdadeiro, em nada inferior ao poder legislativo nem ao poder executivo, foi conservada.

A manutenção dessa concepção de um poder judiciário verdadeiro foi favorecida, na Inglaterra, por diferentes fatores. Limitar-nos-emos a assinalar os dois principais. Um deles é o reduzido número de juízes das Cortes superiores; o segundo é o alto prestígio desses juízes, decorrente das condições em que são recrutados. O poder judiciário é, como veremos, concentrado em Londres, nas mãos de um número limitadíssimo de juízes. Estes, por outro lado, sempre foram escolhidos, na Inglaterra, entre os advogados de renome, e a nomeação a uma função judiciária na Corte superior sempre foi considerada como o sinal de um fulgurante êxito e como a coroação de uma carreira bem-sucedida na advocacia. Essas duas circunstâncias fazem com que sejam juízes personalidades carismáticas, o que, decerto, contribuiu consideravelmente para consolidar na Inglaterra o conceito de poder judiciário.

O conceito de poder judiciário e a noção, ligada a esse conceito, de Corte superior estão intimamente vinculados a uma das características do direito inglês, a saber: o papel que a jurisprudência desempenha nesse direito. O direito inglês, apesar da recente importância dada à legislação e aos regulamentos, continua a se desenvolver essencialmente como direito jurisprudencial, com base em "precedentes" que fazem a *common law* evoluir ou especificam o sentido e o alcance dos textos legislativos ou regulamentares. Ora, só constituem precedentes, com força obrigatória, as decisões pronunciadas pelas Cortes superiores.

Note-se, enfim, como estas últimas sabem fazer-se respeitar pelo instituto do *contempt of Court*. Aquele que, de má-fé ou por má vontade, não executa uma decisão da Corte torna-se culpado por contumácia e, como sanção, corre o risco de ser preso. O *contempt of Court* aumenta o prestígio das Cortes superiores e contribui, desta maneira, para consolidar fortemente na Inglaterra a idéia de que existe de fato um poder judiciário.

## II. Cortes superiores

Havia, outrora, toda uma gama de Cortes superiores, das quais umas eram Cortes de *common law*, outras aplicavam as regras da *equity*, outras ainda deliberavam aplicando o direito canônico. Essa multiplicidade de Cortes, que eram mal coordenadas entre si, era fonte de complicações e gastos; os *Judicature Acts* de 1873 e 1875 puseram fim a tal situação, reunindo todas as Cortes superiores antigas numa Corte superior única, a *Supreme Court of Judicature*, acima da qual foi conservada, após certa hesitação, a jurisdição da Câmara dos Lordes.

A organização judiciária inglesa é, hoje, bastante simples no que diz respeito às Cortes superiores, pois, na verdade, só existe uma Corte superior: a Supreme Court of Judicature, submetida ao controle da Câmara dos Lordes. As outras Cortes superiores que existem podem ser desprezadas aqui.

A Supreme Court of Judicature comporta dois níveis: em primeira instância temos, no cível, a High Court of Justice e, no crime, a Crown Court; em segunda instância temos a Court of Appeal. A High Court of Justice compreende, por sua vez, três divisões: a do Banco da Rainha (*Queen's Bench*), a da Chancelaria (*Chancery*) e a da Família. As duas primeiras dessas "divisões" adotaram o nome de cortes tradicionais que deixaram de existir em 1875; a terceira é de criação recente, decorrente de uma reorganização realizada em 1970. A Crown Court é uma nova formação, criada em 1971 para administrar a justiça em matéria criminal no caso de infrações graves; ela substitui, de um lado, as "tournées d'assises"\* realizadas na província pelos juí-

---

\* As "tournées d'assises" ou "assizes" estão descritas mais adiante, à página 23. (N. do R.T.)

zes da High Court of Justice, de outro, variadas jurisdições (notadamente as *Quarter Sections*), que não eram mais adequadas às condições da nova sociedade. Os juízes da High Court podem, ainda hoje, exercer sua atividade, ocasionalmente, no interior; já a Crown Court é bastante descentralizada e os juízes que a compõem normalmente exercem seu cargo tanto nas cidades do interior como em Londres.

Pode-se recorrer à *Court of Appeal* das decisões da High Court of Justice ou da Crown Court. Contra os acórdãos da *Court of Appeal*, pode-se recorrer à Câmara dos Lordes, cuja composição se reduz, para tanto, ao Lorde Chanceler e a alguns *Law Lords*.

Pouquíssimos juízes são membros permanentes das Cortes superiores. A High Court of Justice reúne no máximo 72 *puisne judges* (chamados *Justices*), além dos três dignatários que presidem suas três Divisões: o *Lord Chief Justice*, o *Chanceler* (que, na prática, nunca comparece) e o *Presidente*. A Crown Court não possui membros próprios. Nos casos mais graves, a justiça é ministrada, nela, por um juiz da High Court of Justice. De modo geral, a justiça é ministrada na Crown Court por "juízes de circuito" (que também ministram a justiça cível em jurisdições inferiores, as County Courts), ou por *recorders* (que são advogados temporariamente nomeados para essa função). A *Court of Appeal* conta apenas com 14 *Lords Justices,* sob a presidência do *Master of the Rolls*. São apenas 10 os *Law Lords*, a quem podem-se juntar os ex-Chanceleres e os lordes que tenham sido anteriormente juízes numa Corte superior da Inglaterra. Todos esses juízes são vitalícios. Desde 1959, existe uma idade compulsória para a aposentadoria: setenta e cinco anos.

Esses números, por módicos que possam parecer a um jurista francês, denotam, em relação ao passado, um aumento considerável: em 1800, havia apenas 14 juízes nas Cortes superiores de justiça da Inglaterra e, ainda no início de nosso século, havia apenas 29 juízes na Supreme Court of Judicature. O aumento considerável não ocorreu sem inquietar os juristas ingleses, pela transformação completa que poderia acarretar no papel tradicionalmente reservado às Cortes superiores.

Em regra geral, as causas são examinadas por um juiz único na High Court of Justice. O júri constituía, outrora, um traço característico da organização judiciária inglesa; até 1854, um júri participava do julgamento de todas as causas e, ainda em 1914, mais da metade das causas cíveis julgadas pela divisão do Banco do Rei o eram com um júri. O rito agora está em plena decadência: somente 23 casos contaram com a participação de um júri na High Court, em 1972. Certas causas, em compensação, devem ser julgadas, na High Court of Justice, por uma Divisional Court, composta de dois juízes: causas de *habeas corpus*, causas que tendem a determinar uma ordem ou uma interdição à administração, ou causas sobre as quais a High Court deve deliberar em função de um recurso contra a decisão de uma Corte inferior.

A Crown Court conta com um juiz único, quando este é juiz da High Court. Já os juízes de circuito ou *recorders* têm a seu lado juízes não profissionais, que não são juristas, escolhidos entre os *justices of peace*. Voltaremos a falar desses juízes quando expusermos como são julgadas as causas criminais nas jurisdições inferiores. Acrescentemos que, em todos os casos em que o acusado alega a sua inocência, há a participação de um júri na Crown Court.

A pluralidade de juízes é a regra na *Court of Appeal* (cujos acórdãos são proferidos por dois ou três juízes) e na Câmara dos Lordes (onde o número de juízes é de no mínimo três para cada causa).

A Suprema Corte de Justiça, que acabamos de descrever, possui uma competência ilimitada, tanto *ratione materiae* como *ratione personae vel loci*. As Cortes inferiores ou outros organismos contenciosos, de que falaremos mais adiante, não são senão jurisdições de exceção, cuja competência somente pode fundamentar-se nas disposições especiais de uma lei. Sob o controle da Câmara dos Lordes, a Suprema Corte de Justiça profere, tanto em primeira quanto em segunda instância, acórdãos em matéria cível e penal, como em matéria administrativa, para toda a Inglaterra e para todas as causas de que possa conhecer, uma jurisdição inglesa.

As causas cíveis podem ser examinadas e julgadas, indiferentemente, por uma ou outra das Divisões da High Court of Justice, cada uma das quais possui, em tese, competência universal. Na verdade, realizou-se uma repartição de competências entre as Divisões e, na base dessa repartição, encontramos, muito embora com consideráveis modificações, a reminiscência das competências que pertenciam outrora, de forma exclusiva, às diferentes Cortes superiores, cujo nome elas perpetuaram.

Até 1971, só havia Cortes superiores em Londres, com exceção de duas Cortes de *equity* que haviam sido conservadas em Durham e no ducado de Lancaster. Mas nem por isso a justiça das Cortes superiores estava ausente no interior. Perpetuando uma antiga tradição, certos juízes do Banco do Rei – ou comissários designados *ad hoc* e que eram, enquanto durava sua missão, assimilados a juízes da High Court of Justice – recebiam três ou quatro vezes por ano a missão de ir a certas cidades do interior para aí realizar *assizes* e ministrar a justiça, tanto cível quanto penal. Por outro lado, convém notar que, embora os processos fossem julgados em princípio em Londres, a ação perante a Suprema Corte de Justiça podia ser instaurada em certo número de cidades do interior, onde existia um *District Registry* da Suprema Corte. A audiência pública seria realizada em Londres, mas o andamento preparatório podia desenrolar-se na província. Ora, na Inglaterra, somente em casos totalmente excepcionais, como teremos a oportunidade de ver, é que as ações movidas perante a High Court of Justice terminam com uma decisão proferida após debates que dão lugar a uma audiência pública.

Importantes mudanças ocorreram durante os últimos anos. Após diversas hesitações, uma reforma estrutural foi realizada em 1971. A High Court of Justice foi autorizada a realizar sessões tanto no interior como em Londres, com o que as "tournées d'assises" desapareceram, bem como as Cortes de *equity* de Durham e de Lancaster. Uma nova Crown Court, tendo por sede todos os grandes centros da Inglaterra, foi integrada à Suprema Corte de Justiça. Enfim, maior competência foi atribuída à jurisdição inferior das County Courts, para permitir-lhes pronunciarem-se sobre divórcios, matéria que, até então, era da competência exclusiva das jurisdições superiores. Mesmo quando a High Court deve deliberar sobre essa matéria, ela recorre na maioria dos casos, hoje em dia, a um "juiz de circuito". A diferença em relação ao caso em que a ação seria julgada por uma County Court reside, antes de mais nada, doravante, na questão das custas judiciais (muito superiores, se a causa tem de ser julgada pela High Court of Justice) e também no fato de a representação das partes ser possível ou não por um *solicitor*.

Após todas essas reformas, a Suprema Corte de Justiça continua sendo a jurisdição de direito comum, com competência universal, que descrevemos. Ela tem competência para deliberar sobre todas as espécies de litígios, tanto em matéria criminal ou administrativa quanto em matéria cível ou comercial, sem que se tenha de considerar o lugar em que as partes têm seu domicílio ou aquele em que a relação litigiosa formou-se. No entanto, medidas variadas permitem evitar que a Corte seja sobrecarregada. Restou algo na Inglaterra da maneira de ver tradicional, segundo a qual as Cortes Reais eram apenas a jurisdição "das grandes personalidades e das grandes causas". Na grande maioria dos casos, a Suprema Corte se recusa a exercer os poderes que lhe são atribuídos, e as partes são remetidas a uma Corte inferior, reservando-se à Suprema Corte apenas o poder de exercer seu controle (*review*) sobre a maneira como a justiça é ministrada nessa Corte inferior. Por isso, convém agora examinar qual a organização dessas jurisdições inferiores, que são, em tese, jurisdições de exceção, mas por cuja atividade a imensa maioria dos processos é julgada na Inglaterra.

### III. Outras jurisdições

A organização da justiça, no que diz respeito às Cortes inferiores, é extremamente diferente, conforme consideremos a justiça cível ou a justiça criminal, devendo também ser considerada separadamente no que concerne à justiça administrativa.

1. **Jurisdições civis.** – A organização mais simples de se compreender, para um jurista francês, é a da justiça civil. Até meados do século XIX, essa matéria

foi muito complexa. Não havia, então, nenhum sistema; encontrava-se na Inglaterra uma multiplicidade de jurisdições locais ou especializadas, com nomes diversos e cuja competência e condições de funcionamento só podiam ser conhecidas consultando-se, para cada uma delas, o estatuto específico que lhe fora outorgado. Uma grande reforma ocorreu em 1846. Um grande número de jurisdições existente foi, então ou posteriormente, suprimido; outras continuaram a existir (Halsbury enumera 172, em suas *Laws of England, v° Courts*), mas a maioria foi abandonada. A peça essencial da organização judiciária tornou-se, em matéria cível, um novo tipo de jurisdição, o qual, embora nada tendo a ver com a circunscrição administrativa do condado, é chamada Corte de Condado (*County Court*).

O território da Inglaterra e o do País de Gales foram divididos, desde 1846, num certo número de distritos, freqüentemente modificados desde então, em cada um dos quais encontra-se uma Corte de Condado. Existem atualmente 329 Cortes de Condado, mas o número de juízes que as compõem, hoje chamados juízes de circuito, é menos elevado, cabendo ao Chanceler estabelecê-lo. Os juízes de circuito eram 260 em 1973, em nítido aumento relativamente ao número de outrora, quando não havia mais que uma centena de juízes de Cortes de Condado. Esse aumento se deve à mudança de suas atribuições, manifestada pela mudança ocorrida em sua denominação. Ao passo que os juízes das Cortes de Condado de outrora tinham competência apenas em matéria cível e não cuidavam dos divórcios, os juízes de circuito atuais receberam uma importante competência em matéria de divórcio, cabendo-lhes também deliberar em matéria criminal na nova Crown Court. A despeito do aumento de seu número, a maioria dos juízes que julgam nas Cortes de Condado constitui-se de juízes itinerantes, que realizam suas audiências, com uma certa periodicidade, em diferentes Cortes de Condado, nas quais julgam na qualidade de juiz único e sem a participação de um júri.

Os juízes das Cortes de Condado são, como os juízes da Suprema Corte de Justiça, recrutados entre os advogados e têm cargo vitalício; a idade de aposentadoria é, para eles, de setenta e dois anos. Uma competência extensa lhes é atribuída pela lei, em particular nas matérias que pertencem, tradicionalmente, à *common law*. Os juízes das Cortes de Condado são, por formação, *common lawyers*, e só com muita hesitação exercem as competências que lhes foram atribuídas nas matérias de *equity*. A partir de 1967, as Cortes de Condado adquiriram gradativamente uma competência extensa em matéria de divórcio. A maioria delas pode pronunciar o divórcio, quando não há a esse respeito litígio entre as partes (divórcio amigável ou consensual), e 51 Cortes de Condado podem pronunciar o divórcio mesmo sendo litigioso.

Em cada Corte de Condado encontra-se, ao lado do juiz, um *Registrar*, que prepara a audiência pública do juiz e que está habilitado a decidir ele mesmo sobre as causas de importância mínima. O *Registrar* é, na maioria dos casos, um *solicitor* da localidade, que não exerce sua função de *Registrar* em tempo integral.

Enfim, certas atribuições em matéria cível, fora das Cortes de Condado, são confiadas às *Magistrates' Courts*, cuja atividade voltaremos a descrever em matéria penal. Essas atribuições referem-se especialmente às questões de alimentos entre cônjuges ou em relação a filhos naturais.

**2. Jurisdições criminais.** – A maneira como é organizada a justiça penal na Inglaterra revela-se originalíssima para quem está habituado com as instituições francesas. Antes de mais nada, essa originalidade não se deve, como se costuma crer na França, à presença do júri; na verdade, o júri, nos dias de hoje, mesmo em matéria criminal, é bastante raro na Inglaterra. O que surpreende muito mais no direito inglês é, até a criação em 1971 da Crown Court, a ausência quase total de magistrados que, seja em qualidade de juízes, seja como representantes do ministério público, participam da administração da justiça penal.

Descrevendo-a brevemente, a situação é a seguinte. As infrações penais são classificadas em duas categorias: infrações menores (*petty offences, non-indictable offences*) e infrações maiores (*indictables offences*).

As infrações menores são julgadas pelas *Magistrates' Courts*. Essas jurisdições são numerosíssimas, cerca de mil, correspondendo a uma divisão territorial própria da Inglaterra e do País de Gales. Os membros que as compõem são *Justices of the Peace*, homens ou mulheres (proprietários, conselheiros municipais, sindicalistas, comerciantes etc.), a que o governo conferiu essa dignidade. Em 1º de janeiro de 1974, existiam 21518 Justices of the Peace "em atividade" no país (dos quais, 7716 mulheres), enquanto 6892 contentavam-se em ter esse título. Nenhuma qualificação quanto a conhecimentos jurídicos é requerida para ser Justice of the Peace, e a imensa maioria dos Justices of the Peace nunca estudou direito. A instituição inglesa deu origem aos nossos juízes de paz, criados na França na época da Revolução; a despeito desse fato, não resta em nossa época quase nada em comum entre os Justices of the Peace ingleses e o juiz de paz francês, tal como se tornara durante os cento e cinqüenta anos de sua história.

As Magistrates' Courts são compostas pelos Justices of the Peace que figuram na lista dos J. P. em atividade (*active list*) no distrito em que a Corte tem sede. De um modo geral, as leis exigem, para o julgamento de uma infração, que dois Justices of the Peace pelo menos estejam presentes e que a audiência seja realizada num local destinado a esse efeito. No entanto, certos tipos de infração podem ser julgados por um Justice of the Peace único, em sua própria residência. Os Justices of the Peace são guiados, na aplicação da lei penal, por um secretário, o *clerk*, que, em geral, é um *solicitor* do lugar e que cumpre, ao mesmo tempo, a função de escrivão.

O sistema aqui descrito funciona de modo satisfatório nos distritos rurais, mas é inadequado às aglomerações urbanas, onde há, ao mesmo tempo que uma grande densidade populacional, um número considerável de infrações a julgar. Assim foi instituído, ao lado dele, outro sistema – que às vezes toma inclusive o seu lugar –, em que os Justices of the Peace são substituídos por juízes profissionais remunerados. A Magistrates' Court é, nesse caso, conduzida por um único juiz, chamado *metropolitan magistrate* em Londres, *stipendiary magistrate* no interior. Essa reforma, porém, só progride com lentidão; havia, em 1973, 39 *metropolitan stipendiary magistrates* em Londres, e encontra-se um *stipendiary magistrate* em 11 outras circunscrições.

As infrações maiores são julgadas de acordo com um rito processual que compreende duas etapas. Numa primeira etapa, o réu comparece diante da Magistrates' Court, que acabamos de descrever. É citado perante essa Corte, em geral, por intermédio da polícia, que, em nossa época, assumiu com freqüência cada vez maior o papel da acusação; no entanto, permanece o princípio de que a acusação pode ser movida por qualquer um, e insiste-se muito, na Inglaterra, sobre a circunstância de que os membros da polícia desempenham simplesmente o papel de bons cidadãos; eles não são representantes do poder, dotados de prerrogativas especiais. A Magistrates' Court julga se cabe ou não remeter o réu, para juízo, a uma jurisdição mais solene, hoje a Crown Court, que tomou o lugar das *Assizes* ou *Quartier Sessions* de outrora. A remissão à Crown Court é obrigatória no caso de infrações capazes de acarretar a prisão perpétua[1].

A demarcação de princípio, feita entre infrações menores e infrações maiores no que concerne à jurisdição a que compete julgar umas e outras, está longe de ser conforme à realidade, na prática. Com muita freqüência, quem cometeu uma infração maior tem a possibilidade de optar pela jurisdição das Magistrates' Courts; com isso, é verdade, tem a quase certeza de ser condenado, mas vê aí uma dupla vantagem: a de saber mais depressa sua sorte e, sobretudo, a de comparecer diante de uma jurisdição que, limitada em seus poderes, não o pode condenar a uma pena tão grave quanto poderia fazê-lo a Crown Court. Em 1973, 365 505 *indictable offences* foram julgadas pelas Magistrates' Courts (ou seja, 87% do total, enquanto a Crown Court julgou apenas 54 408), com grande economia de tempo e de recursos humanos para a justiça inglesa.

**3. Jurisdições especiais.** – A Inglaterra não possui um "Conseil d'Etat"\*, e até mesmo falar de jurisdições

---

1. A pena de morte foi abolida em 1965, salvo raras exceções (alta traição, pirataria, incêndio de navio de guerra).

\* O "Conseil d'Etat" é a Corte Suprema francesa competente em matéria administrativa. (N. do R.T.)

administrativas teria parecido, para um inglês, no início de nosso século, uma inconveniência. Ainda hoje, não se pode conceber uma hierarquia de jurisdições que escapasse do controle do poder judiciário, representado pelas Cortes superiores que descrevemos. Contudo, com o desenvolvimento das atribuições do "Estado Social" (*Welfare State*), produziu-se uma grande evolução, nas idéias e nas instituições, e existe hoje, para resolver o contencioso administrativo, toda uma série de comissões, departamentos, tribunais e organismos diversos, a que por vezes chegou-se a dar o augusto nome de Cortes, que evoca, porém, o poder judiciário. Existem igualmente jurisdições especiais em grande número para resolver o contencioso causado pela aplicação de diversas leis (em matéria de aluguéis, notadamente), em que se quis organizar uma justiça menos formalista e menos onerosa.

Os organismos em questão, a que são confiadas funções "quase judiciárias", são múltiplos, e sua variedade se presta mal a uma sistematização ou, mesmo, a uma classificação. As leis que foram criadas variam em cada caso, tendo-se na Inglaterra, tanto a justiça delegada quanto a justiça exclusiva, comissões compostas de administradores, ou de juristas ou mesmo incluindo juízes das Cortes superiores, um grau simples ou duplo de jurisdição, regras processuais mais ou menos elaboradas e bastante diversas.

Acima de toda essa diversidade, observemos apenas um princípio fundamental: os organismos do contencioso administrativo não constituem na Inglaterra, como na França, uma hierarquia de jurisdições autônomas, mas permanecem submetidos ao controle da High Court, na qual nove juízes, hoje, são especializados nos litígios com a administração.

O controle exercido sobre a atividade de tais órgãos é, na verdade, limitado, e sua extensão ainda é, não raro, muito mal definida. Um novo ramo do direito inglês, a *administrative law*, estuda tanto os controles internos quanto o controle pela justiça, a que são submetidas as administrações inglesas. Essa *administrative law* não é o equivalente do direito administrativo francês, não apenas porque se limita, ao contrário deste, ao estudo das questões colocadas pelo controle da administração ou pela aplicação de certas leis, mas também e sobretudo porque não visa, de forma alguma, estabelecer, por oposição ao direito comum, um direito autônomo quanto aos princípios que constituem a sua base. As relações entre a administração e os particulares decorrem, na Inglaterra, da *common law*, que se aplica às relações entre os cidadãos.

Os organismos de contencioso administrativo são novos na Inglaterra. Seu desenvolvimento, todavia, nada tem de contrário ao espírito da *common law*; nesse sistema, concebido de maneira menos rígida do que o direito francês, sempre foi tido como normal os litígios serem, quanto ao mérito, resolvidos de maneira mais ou menos empírica pelos juízes (notáveis, comerciantes, funcionários) que não eram juristas. O papel das Cortes superiores, que detêm o poder judiciário, é muito mais do que o de garantir que as regras fundamentais da administração da justiça sejam respeitadas do que o de controlar o mérito da solução dada aos litígios, que os juízes não sejam culpados de prevaricação ou de *misconduct*, que sua maneira de agir seja correta e leal.

Numa sociedade profundamente modificada pelo aumento do papel do Estado, a *administrative law* tem por objetivo precisar o que significa esse padrão de comportamento correto e leal no âmbito das diferentes administrações, e, por conseguinte, precisar em que circunstâncias as Cortes de Justiça exercerão seu controle. À semelhança do direito administrativo francês, ela não tem por objetivo precisar as regras materiais que deverão ser aplicadas pela administração.

## IV. Profissionais do direito

Na Inglaterra, os profissionais do direito são agrupados em duas categorias. Uns, chamados *barristers* ou *counsel*, correspondem a nossos advogados. Os outros – os *solicitors* – desempenham funções que cabem, na França, aos auxiliares da justiça, notadamente aos *avoués*\* e aos tabeliães. Na Inglaterra, ninguém pode exercer a profissão de jurista sem ser membro da Ordem dos Advogados, ou admitido como *solicitor*.

Os advogados são necessariamente membros de um dos quatro clubes de advogados – os Inns of Court – existentes em Londres. O mesmo se dá se residem e atuam numa cidade do interior. Essa circunstância merece ser observada. De fato, daí resulta que os advogados constituem um meio muito homogêneo, um círculo restrito em que todo o mundo se conhece e no qual uma infração disciplinar, ou mesmo de ética, seria severamente julgada. Em seus Inns of Court, onde almoçam com freqüência e cuja biblioteca freqüentam, os advogados se encontram e também conversam com os juízes, que permanecem em seu clube de origem quando deixam de ser advogados. O fato de pertencer a um mesmo clube gera certas atitudes e um sentimento de confiança que permite garantir um melhor funcionamento da justiça na Inglaterra. O número dos que praticam efetivamente a profissão de advogado era, em 1974, de 3 377, dos quais 952 estavam estabelecidos no interior.

---

\* Na França o *avoué* é um profissional do direito cuja função é a de proceder a todos os atos processuais em segunda instância.

O outro "ramo da profissão" é constituído pelos *solicitors*. Estes estão espalhados por todo o país. Só eles se relacionam com os clientes. Com efeito, os advogados são proibidos de entrar diretamente em contato com seus clientes, e é apenas por intermédio dos *solicitors* que são postos a par das causas que devem defender. São igualmente os *solicitors* que cuidam do andamento do processo, em particular entrando em contato com as testemunhas, cujos depoimentos o advogado utilizará na audiência. Havia, em 1974, 28 741 *solicitors* na Inglaterra. Em geral, eles estão agrupados em escritórios, onde uns tratam das causas contenciosas, outros das causas não contenciosas de seus clientes. Grande parte de sua atividade está voltada para tarefas não contenciosas; notadamente, tratam das transferências de propriedade e da redação de documentos societários ou de testamentos. Sua grande maioria adere a uma associação, a Law Society, que é encarregada de organizar os exames que permitem adquirir a qualidade de *solicitor*. A formação dada aos *solicitors* é mais orientada para a prática do que a dos advogados; muitos *solicitors*, depois de terem obtido seu diploma, entram no ramo dos negócios ou na administração, onde seus conhecimentos são apreciados.

Convém notar a ausência, na Inglaterra, de uma instituição comparável ao nosso Ministério Público. O Ministério Público, no entendimento dos ingleses, é uma instituição que compromete o bom funcionamento da justiça; elevando o procurador ao nível do juiz, destrói-se a igualdade que deve ser respeitada entre a acusação e a defesa, se se quer assegurar uma justiça verdadeiramente imparcial.

Capítulo III
# *O processo civil e criminal*

O direito inglês continuou a ser até a época atual o direito jurisprudencial de suas origens. Essa circunstância dá uma importância bastante particular, na Inglaterra, a tudo o que concerne à administração da justiça e à aplicação do direito, com exceção das regras materiais (*substantive law*). Essa parte do direito, que constitui a *adjective law*, compreende o direito processual e o direito das provas (*law of evidence*):
1. processo civil;
2. processo penal;
3. vias de recurso.

## I. O processo civil

O processo civil inglês coloca ao jurista francês um problema que se apresenta em termos estatísticos. Um número considerável de processos é submetido cada ano às Cortes inglesas: 1 985 706 em 1972 (sendo 203 804 para a High Court of Justice e 1 668 836 para as Cortes de Condado)[1]. O número de julgamentos pronunciados

---
1. Esses números estão, de modo geral, aumentando. Assim, os dados correspondentes eram, em 1938, 1 476 684 (sendo 103 821 para a High Court of Justice e 1 292 774 para as County Courts).

após uma audiência pública parece ínfimo em comparação com esse dado. Na High Court of Justice, o número de julgamentos pronunciados após audiência foi, em 1972, de 110 877 para a Divisão da Família (divórcios e anulações de casamento), 2 271 para a Divisão do Banco da Rainha, 3 819 para a Divisão da Chancelaria. Nas Cortes de Condado, 23 377 julgamentos foram proferidos após audiência (mais 18 772 proferidos pelo *Registrar*). Como interpretar esses dados, e o que aconteceu com os inúmeros processos que terminaram de outra maneira? A questão é ainda mais interessante, porque a resposta fornece a explicação para o pequeníssimo número de juízes, que é uma das peculiaridades da organização judiciária inglesa. Vamos procurar descobrir essa resposta estudando o processo na High Court of Justice e, mais especialmente, na Divisão do Banco da Rainha. As observações feitas no estudo desse processo permitirão compreender o fenômeno análogo que se produz nas Cortes de Condado.

Na Inglaterra, o processo na High Court of Justice não é regido por um código. O legislador, quando constituiu a Supreme Court of Judicature, homologou, num anexo do Judicature Act, de 1875, um regimento processual (*Rules of the Supreme Court*) que uma comissão de juízes estabelecera e, ao mesmo tempo, deu a uma comissão permanente (*Rules Committee*), composta de juízes e de advogados, o poder de revisar esse regimento. Assim, uma nova edição das *Rules of the Supreme Court* foi publicada em 1883. Modificadas várias vezes, até mesmo muitas vezes num mesmo ano, as *Rules of the Supreme Court*, ou R.S.C. – como são citadas na Inglaterra –, foram objeto de uma importante revisão global em 1962 e 1966.

Desde essa reforma, as R.S.C. estão divididas em 111 *Orders*, elas mesmas divididas em *rules*. São objeto de uma publicação oficial, mantida atualizada por folhas soltas, a *Supreme Court Practice*. Essa publicação, que começou em 1967, substitui a *Annual Practice*, que comportava cada ano uma nova edição e que a prática conhecia pelo nome de *White Book*[2].

O processo civil é iniciado, em geral, na Inglaterra, conforme a tradição, pela expedição de um mandado judicial de citação (*writ of summons*), que o autor vai notificar ao réu. O *writ* é diferente da citação do direito francês. É uma ordem, dada em nome da rainha pelo Chanceler ao réu e que oferece para este uma alternativa: satisfazer à pretensão do autor ou fornecer explicações à Corte para justificar sua recusa.

Obter um *writ* era um privilégio, outrora; em nossos dias, salvo em certas hipóteses, é um direito do autor. Para obter um *writ*, basta preencher um formulário impresso e pagar um direito de registro, seja no Central Office da Supreme Court of Judicature, seja num dos 128 escritórios (*District Registries*) que existem para isso no interior.

O réu é convidado, pelo *writ*, a comparecer em justiça (*enter an appearance*) num certo prazo, ou seja, ele deve deixar claro, nesse prazo, sua intenção de contestar a pretensão do autor. Se não o fizer, a ordem contida no *writ* se torna definitiva, e o réu deve, de acordo com essa ordem, satisfazer a pretensão do autor. Portanto, uma conseqüência importante diz respeito à diferença de natureza que existe entre a citação francesa (*assignation*) e o *writ* inglês. Essa conseqüência é a ausência, na Inglaterra, de um processo à revelia. O réu que não comparece é considerado como

---

2. As regras de processo das Cortes de Condado (*County Court Rules*), estabelecidas de acordo com modalidades próximas pelo Lorde Chanceler com base nas recomendações de um Rules Committee, são publicadas todo ano num livro chamado *Green Book*. Esse livro (*County Court Practice*) tinha, na sua edição de 1966, 2 047 páginas, mais um índice de 177 páginas.

tendo reconhecido o fundamento da ordem que, por iniciativa do autor, lhe foi dada pelo Chanceler. Nessas condições, o autor só tem de constatar a revelia do réu, ao expirar o prazo prescrito para o comparecimento deste; ele obtém então, automaticamente, fora de qualquer exame da causa, uma sentença ("julgamento", *judgement*), isto é, um título executivo judicial contra o réu.

A grande maioria dos processos termina dessa maneira, salvo em matéria de anulações de casamento e de divórcio. O pedido do autor é incontestado. Trata-se apenas, movendo-se uma ação, de intimidar um devedor e forçá-lo a saldar a dívida, ou, alternativamente, de obter um título judicial executivo que permita penhorar os bens desse devedor. A coisa se faz na justiça, mas sem envolver nenhum juiz: basta um escrivão para constatar que um *writ* foi expedido, que foi devidamente entregue e que aquele que foi notificado não compareceu no prazo estabelecido. O sistema inglês supõe apenas que sejam tomadas sérias precauções para garantir que a notificação do *writ* chegou de fato ao réu: só é admitida, em princípio, a notificação entregue à própria pessoa do réu. Também é oferecido um remédio ao réu, que pode, se for o caso, conseguir a anulação da sentença desfavorável proferida à revelia mas, para tanto, é preciso, de um lado, que forneça uma explicação válida para sua revelia e que, de outro, evidencie a existência, em seu favor, de um meio sério de defesa. Esses dois pontos são julgados por um auxiliar do juiz (*Master*, em Londres, *District Registrar*, no interior), que decide se cabe ou não anular o julgamento à revelia. A decisão assim tomada é sujeita a um recurso perante um juiz que delibera "em seu gabinete" (*in chambers*). A reabertura do processo pode ser autorizada; o processo não é automaticamente extinto, como acontece na França, quando se faz "opposition"*.

Grande número de processos termina pela revelia do réu. Este, não tendo bons meios de defesa, assusta-se com um processo que, tradicionalmente na Inglaterra, é caríssimo.

Se o réu comparece, o processo é confiado a um *Master*[3]. Esse auxiliar do juiz, salvo se houver a possibilidade de um recurso imediato ao juiz *in chambers* contra suas decisões, vai ser a única pessoa com que os litigantes terão contato, até o dia em que o processo será, eventualmente, julgado em audiência pública. Todo o processo é dirigido pelas partes, isto é, de fato, pelos *solicitors*, de sorte que um pequeno número de *Masters* é suficiente em Londres, apesar da aparente sobrecarga da Corte. Na High Court of Justice há apenas dezessete *Masters*, a quem se somam sete *Masters* especializados na determinação das custas (*Taxing Masters*).

O *Master* é, na verdade, um juiz para todas as questões concernentes ao andamento do processo, à preparação da audiência pública e à determinação das custas. Ele sempre delibera "em seu gabinete". Seu papel é deliberar sobre certas demandas que lhe submetem as partes, a fim de possibilitar uma boa organização do processo, acelerá-lo e, com freqüência, encerrá-lo. Diversas regras processuais merecem ser ressaltadas, principalmente a esse respeito.

Antes de mais nada, devemos examinar o processo previsto pela Ordem XIV das R.S.C. O réu compareceu, mas esse comparecimento nada mais é, de sua

---

* No seu artigo 571, o Código de Processo Civil francês define a "opposition" como sendo o recurso cabível à parte revel num processo, a fim de que o próprio juiz reexamine e julgue a matéria, depois de proferida decisão definitiva ou que tenha a mesma força. (N. do R.T.)

3. Deixamos de lado, daqui para a frente, o caso em que a ação é movida no interior. Nesse caso, o *Master* é substituído pelo *District Registrar*.

parte, que uma manobra dilatória; na realidade, ele não tem nenhuma defesa séria para apresentar contra a pretensão do autor. A Ordem XIV, nesse caso, permite que o *Master* autorize o autor a obter sentença contra o réu, como se este fosse revel. Esse rito processual é utilizado com muita freqüência na Inglaterra; em 1972, 1891 sentenças foram assim proferidas pelos *Masters*, a quem foram submetidos um total de 4 408 causas por meio de *summons* (mandado de citação).

Por outro lado, se estiverem de acordo, as partes podem ampliar o papel do *Master* e fazer dele o juiz de seu litígio; as questões patrimoniais que surgem entre cônjuges sempre são, na prática, resolvidas dessa maneira. Acrescentemos ainda que a lei permite que as partes peçam à Corte que designe um árbitro, o que acarreta uma simplificação do processo.

O desenrolar do processo, por outro lado, supõe o estabelecimento de certo número de peças, os *pleadings*, atos postulatórios que devem ser notificados ora pelo autor ao réu, ora pelo réu ao autor. Essas peças devem ser realizadas e notificadas dentro de certos prazos, que nos impressionam por sua brevidade. Se tais prazos não forem cumpridos e se sua duração não for prolongada por acordo entre as partes ou por decisão do *Master*, considera-se facilmente na Inglaterra que uma das partes nada tem a opor às afirmações da outra, com a conseqüência possível, segundo os casos, de que o autor será autorizado a obter sentença contra o réu, ou, inversamente, que se poderá considerar ter ele desistido. As críticas feitas à justiça inglesa podem referir-se a seu custo, não raro considerado excessivo, mas é totalmente excepcional que digam respeito aos prazos e que, hoje em dia, alguém se queixe da lentidão da justiça em matéria cível[4].

---

4. Já a Corte da Chancelaria era célebre, outrora, por sua lentidão.

O *Master* corresponde, em certa medida, a nosso "juiz encarregado de dar andamento ao processo"; mas em nenhum momento é encarregado de realizar diligências. Cabe às partes e a seus *solicitors* reunir as provas e descobrir, em particular, as testemunhas que serão arroladas. O processo em audiência pública é inteiramente oral, e não são elaborados autos da ação. O importante é estabelecer com precisão os pontos de fato sobre os quais as partes estão em litígio e para cuja elucidação, se for o caso, dever-se-á proceder a debates em audiência pública[5]. É esse o objeto dos *pleadings* trocados entre as partes, que, portanto, são profundamente diferentes das *conclusions* francesas ("contestação"), ainda que, na verdade, a difícil – e muitas vezes artificial – distinção entre fatos e direito atenue a oposição.

Quando os *pleadings* foram trocados, o *Master* toma as disposições necessárias para que a causa seja arrolada. Ele decide se ela será julgada apenas por um juiz, ou terá a participação de um júri; decide se será julgada em Londres ou fora de Londres. Também procura abreviar os debates: assim, pode impor que uma parte responda, sob juramento, a certas perguntas que lhe são feitas por seu adversário. Também pode lhe impor, através de uma *discovery order*, derivada da prática da *equity*, que declare sob juramento se possui ou não determinado documento para que a outra parte dele possa tomar conhecimento. Pode procurar obter das partes que renunciem ao comparecimento pessoal de certas testemunhas – em particular, peritos –, sendo seu depoimento ou seu laudo simplesmente lidos na audiência pública.

---

5. Se a questão levantada é exclusivamente de direito (por exemplo, saber se determinada regra relativa à prescrição é aplicável na espécie), um rito especial, que não comporta os debates do *trial*, é previsto pelas *R.S.C.*

Os autos estão finalmente conclusos; chegou o dia da audiência pública, o *day in Court*. Outrora, nos processos de *common law*, sempre havia um júri, em cujo veredicto unânime baseava-se a sentença proferida pelo juiz. Hoje, o júri tornou-se excepcional; em matéria cível, só é prescrito para certas categorias de processo: ações de indenização por difamação, seqüestro arbitrário, ou ações em que o réu é acusado de ter cometido uma fraude. Fora disso, uma parte pode requerer, e o *Master* decidir, que o caso seja examinado por um júri; mas um pedido e uma decisão nesse sentido serão excepcionais.

Portanto, os processos civis são, em regra geral, julgados por um único juiz, e sem júri. Mas o processo permaneceu organizado como na época em que havia um júri; foram conservadas, embora tenham perdido em parte sua justificação, as regras da tradição, em particular no que concerne ao caráter oral dos debates e à inadmissibilidade de certas provas. O juiz que deve deliberar nada sabe do litígio quando os debates são abertos; os próprios advogados nunca viram as testemunhas, que são arroladas a pedido dos *solicitors*. Após uma exposição de abertura dos debates (*opening speech*), em que declara os pontos de fato que vai procurar estabelecer, o advogado do autor apresenta o rol das testemunhas, a primeira das quais geralmente é (desde 1850, quando foi permitido testemunhar em matéria cível sob juramento) o próprio autor. Por uma série de perguntas feitas a elas, o advogado do autor procura provar que os fatos produziram-se desta ou daquela maneira. Cada testemunha, depois de ter respondido às perguntas do advogado do autor, vai ser interrogada por sua vez pelo advogado do réu. É a *cross-examination* (interrogatório da testemunha na audiência pela parte contrária), que sucede à *exami-*

*nation-in-chief* (interrogatória da testemunha pela parte que a arrolou) e que poderá ser seguida, se for o caso, de uma *re-examination* pelo advogado do autor. A condução da *cross-examination* difere do interrogatório principal. Quem arrolou uma testemunha não lhe pode fazer *leading questions* (perguntas capiciosas), na qual é sugerida a resposta esperada. A coisa é diferente na *cross-examination*, na qual também se podem fazer perguntas sem relação direta com o processo, perguntas essas que tendem a pôr em dúvida a credibilidade e a própria moralidade da testemunha. Após serem ouvidas as testemunhas arroladas pelo autor, o advogado do réu faz, por sua vez, uma exposição do que vai tentar provar, e as testemunhas do réu e, em geral, hoje em dia, o próprio réu são arrolados. Para essas testemunhas, a *examination-in-chief* é conduzida pelo advogado do réu, seguida, se for o caso, de uma *cross-examination* pelo advogado do autor e de uma eventual *re-examination*.

Por acordo entre as partes, uma testemunha pode não comparecer pessoalmente, coisa corrente quando não se procede, no caso dessa testemunha, a uma *cross-examination*. O depoimento deve, então, ser lido em justiça, como na época em que muitas vezes havia jurados iletrados. Esse rito processual tem, ao ver dos ingleses, uma vantagem: as partes ficam certas de que o juiz de fato tomou conhecimento de todos os elementos de prova que elas julgaram oportuno apresentar; os advogados têm igualmente a possibilidade de observar a reação do juiz e podem tirar certas conclusões, concernentes à maneira como conduzirão os debates.

Na conclusão dos debates, o advogado do réu pronuncia um *closing speech*, que é seguido do *closing speech* do advogado do autor. Assim, este tem a última palavra. Todavia, a coisa é bem diferente se a defesa não arrola testemunhas. Mas, mesmo nesse caso, se o advogado do réu sustenta que o autor não estabeleceu a existência de uma causa jurídica para o seu pedido, o advogado do autor poderá responder-lhe.

O advogado inglês não faz, propriamente, sustentação oral. Os depoimentos feitos perante o tribunal devem ser suficientes para estabelecer os fatos objeto do litígio e, em geral, uma breve exposição basta para chegar a uma conclusão. No que diz respeito ao direito, igualmente, pareceria fora de propósito fazer uma longa sustentação oral, que teria a pretensão de ensinar ao juiz[6]. Convém ao advogado, aqui e lá, ser breve.

O juiz inglês também fala pouco. Seu papel é concebido essencialmente como o de um árbitro, que ouve uns e outros e assim se convence. O papel que lhe cabe é, antes de mais nada, o de dirigir os trabalhos da audiência; ele deve impedir que estes se dispersem e garantir sua perfeita lealdade, fazendo notadamente respeitar as regras relativas à admissibilidade da prova e impedindo que sejam introduzidos nos debates elementos que gerem confusão. O juiz pode fazer perguntas para esclarecer o debate, mas não deve substituir os advogados e interrogar, no lugar destes, as testemunhas.

Se houver um júri, por outro lado, um papel muito importante do juiz é resumir para este os debates que ocorreram e formular a ou as perguntas que serão submetidas ao júri. Com base no veredicto pronunciado pelo júri – ou independentemente de qualquer veredicto, se não houver júri –, o juiz por fim profere sua sentença. Em geral, ele o faz de imediato, mas também pode adiar essa decisão e só proferir a sen-

---

6. A discussão relativa ao direito só ocorrerá, no caso de haver um júri, depois que este pronunciar seu veredicto.

tença após algum tempo de reflexão. A sentença inglesa pode comportar apenas um simples dispositivo, pois o juiz não tem que justificar sua decisão. Na maioria dos casos, porém, o juiz, depois de ter pronunciado sua sentença, procura justificá-la, expondo os motivos (*reasons*) que o levaram a decidir em determinado sentido. Esses motivos não fazem, tecnicamente, parte da sentença. No entanto, ainda assim representam um papel essencial, pois fora deles não seria possível levar em conta, na Inglaterra, os precedentes, como exige a natureza jurisprudencial da *common law*.

O processo civil inglês apresenta, como vemos, certo número de características que o diferenciam do processo civil francês.

A primeira e mais notável dessas características é a raridade dos casos em que o processo chega a uma sentença proferida após debates públicos pelo juiz. O processo civil inglês normalmente, podemos dizer, não tem essa conclusão. Seu objeto é mais proporcionar um título executivo judicial ao autor do que promover o exame contraditório de um litígio, na maior parte dos casos inexistente, e fazer esse litígio ser resolvido pelo juiz, com ou sem júri. Definitivamente, na maioria dos casos o juiz está ausente do processo civil, na Inglaterra.

Uma segunda característica notável do processo civil inglês é o caráter oral, teatral, dos debates em audiência pública, quando estes ocorrem. O processo civil inglês, observou-se com freqüência, distingue-se pouco do processo penal, observação estranha num país em que jurisdições civis e penais são, pelo menos hoje em dia, inteiramente distintas, em que a mesma jurisdição nunca pode conhecer ao mesmo tempo de uma ação cível e de uma ação penal conexas e em que não é reconhecida, em matéria cível, a força da coisa julgada em matéria penal, e vice-versa. Essas observações nos levam a estudar agora, numa nova seção, o processo penal inglês.

## II. O processo penal

O processo penal inglês afasta-se, ainda mais que o processo civil, do direito processual francês. O estudo do processo penal inglês é, por csse motivo, um tanto desconcertante para um jurista francês, não apenas porque ele não acha aí as instituições a que está habituado – ministério público e "juiz de instrução", em particular –, mas porque o transporta para um meio em que as idéias a que está preso não têm mais curso: a confissão do culpado não parece ter o mesmo caráter fundamental, o conceito da convicção do juiz não é mais admitido. A diferença entre direito francês e direito inglês não pode mais ser explicada pela simples diversidade da tradição jurídica, mas parece envolver, acima dessas explicações históricas, a oposição entre dois modos de conceber o que é justo no processo penal. De fato, convém levantar esse ponto. O processo penal inglês traz, sob muitos aspectos, como tudo o que é inglês, a marca profunda da tradição; não obstante, as instituições e as regras, nesse domínio mais que em qualquer outro, foram completamente transformadas desde o fim do século XVIII, em consonância com as tendências que, desde então, atenuaram consideravelmente o direito penal e melhoraram consideravelmente, por outro lado, a situação do acusado no processo penal. Se os ingleses, de modo geral, expressam com satisfação o seu orgulho no que concerne ao processo penal, essa satisfação e esse orgulho dizem respeito a um direito processual profundamente renovado e justificam-se em grande parte pela comparação com o sistema que, ainda há pouco tempo, era o da Inglaterra e cuja barbárie se denunciava.

Em vez da distinção, clássica na França, entre crimes, delitos e contravenções, tem-se na Inglaterra uma dupla distinção entre infrações maiores e infrações menores. Essa distinção, de origem moderna, substituiu uma antiga distinção de caráter histórico, aquela entre *felonies* e *misdemeanours*, que desapareceu em 1967, depois de ter sido gradativamente esvaziada de quase todo o seu interesse prático. A distinção atual, como parece natural na Inglaterra, baseia-se em regras processuais: as infrações maiores (*indictable offences*) são as julgadas, ou, pelo menos, as que podem ser julgadas, pela Crown Court, ao passo que as infrações menores (*non-indictable offences, petty offences*) são as julgadas pelas Magistrates' Courts. A distinção, assim apresentada considerando-se suas origens, deixou porém de corresponder à realidade. Em muitos casos, hoje, as *indictable offences* podem ser julgadas, e o são efetivamente, pelas Magistrates' Courts. Essas julgam atualmente, além das infrações menores, cerca de 87% das infrações que a lei qualifica como *indictable offences*. Os demais casos, embora pouco numerosos, são sem dúvida os mais interessantes de se estudar do ponto de vista do processo penal, pois abrangem as causas mais importantes, aquelas em que, devido à sanção grave que pode vir a ocorrer, o maior esforço foi feito para organizar cuidadosamente o processo, estabelecendo garantias eficazes para preservar a liberdade e a dignidade da pessoa humana e ao mesmo tempo garantir a justiça. Por isso, dedicar-nos-emos exclusivamente, aqui, ao estudo desses casos.

No que concerne às infrações aqui estudadas, o processo penal compreende duas fases: uma primeira fase, que se desenrola numa Magistrates' Court, conduz a uma sentença de admissibilidade da acusação por essa Corte; uma segunda fase, diante da Crown Court, é a do julgamento da infração por essa Corte. Essa dualidade evocará, no espírito do francês, aquela, por ele conhecida, entre processo de instrução e processo de julgamento. No entanto, não há analogia alguma; o papel da Magistrates' Court não é, de modo algum, o de instruir a causa; é antes, no máximo, o da nossa "Chambre d'accusation"*, ao cabo de um inquérito policial que não é, de forma alguma, associado a uma instrução judiciária da causa.

Retomemos o processo penal desde o início e perguntemo-nos como ele vai se desenvolver.

O princípio admitido em direito inglês, herdado da tradição e que continua vigente, pelo menos em tese, é o da acusação "popular". Qualquer cidadão pode mover uma ação pública e pedir que seja punida uma infração penal de que teve conhecimento. Na prática, essa possibilidade é menos usada ainda na Inglaterra do que na França. Os cidadãos não agem, eles mesmos, no âmbito penal, porque não lhes é possível, como na França, mover numa mesma instância sua ação cível por perdas e danos e a ação penal; porque, por outro lado, não estão interessados em se tornarem responsáveis ao moverem uma ação contra um suspeito que não seria condenado; porque, enfim e sobretudo, eles consideram, em nossa sociedade atual, que a ação penal é um problema de outras pessoas que não eles, a quem apenas denunciam, ocasionalmente, a infração cometida e a pessoa de quem suspeitam.

---

* Trata-se na França de uma Câmara dos tribunais criminais competente para julgar recursos de decisões do juiz de instrução ou para servir como câmara de instrução em segunda instância. (N. do R.T.)

A autoridade que vai tomar a iniciativa da ação penal é hoje, na Inglaterra, em geral, a polícia. Assim, por trás da analogia que existe entre os dois países, devem-se notar, todavia, duas diferenças importantes, que, de resto, estão intimamente ligadas.

A primeira diz respeito ao estatuto da polícia. A polícia se apresenta, na França, como um corpo semimilitar, estritamente hierarquizado, por trás do qual se descobre, aos olhos de todos, o poder público com todos os seus privilégios e suas prerrogativas. Na Inglaterra, ao contrário, a polícia, comparável outrora a uma espécie de milícia e representada pelo *parish constable* (policial do distrito ou comarca), conservou um caráter local, um vínculo com a população, que ainda em nossos dias são uma característica geral da instituição, mesmo se se desenvolveu uma importante Metropolitan Police Force, de outro caráter, à qual se recorre na prática, mesmo fora de Londres, todas as vezes que um crime supera as possibilidades da polícia local. Concebida tradicionalmente no âmbito das coletividades locais, a polícia não se apresenta aos ingleses como o braço do poder executivo. Certas regras podem ter sido estabelecidas para facilitar o cumprimento de sua tarefa, mas não se associa à concepção de polícia a idéia de prerrogativas do poder público, menos ainda a da irresponsabilidade, que a existência de uma polícia de Estado arraigou no espírito dos cidadãos do continente.

Segunda diferença em relação à França: a idéia de uma acusação "popular", acionada por qualquer bom cidadão, permaneceu o princípio admitido na Inglaterra. O policial, quando desencadeia a ação penal, age em sua qualidade de bom cidadão, e não em nome do Estado, fazendo valer a função e a autoridade que lhe foram conferidas. Essa maneira de ver, por mais teórica que possa parecer, vai acarretar, no plano prático, conseqüências de grande alcance.

Não há, na Inglaterra, Ministério Público. O processo penal se desenrola como um processo civil; é um processo entre particulares; não é uma luta desigual entre um acusador público, vestindo uma toga de magistrado, sentando-se no mesmo estrado do juiz, tendo relações de amizade com este, e um pobre coitado sobre o qual pesam, desde a origem do processo, as suspeitas. O processo inglês se desenrola entre dois cidadãos, pouco importando que um deles, o que acusa, exerça a profissão e vista o uniforme de policial; aquele que acusa e aquele que se defende estão, abaixo do juiz inglês que vai arbitrar suas pretensões adversas, num mesmo plano. A autoridade real, o poder público, não estão em pauta num processo penal.

Por isso, numa ampla medida, esse processo vai se desenrolar da mesma maneira que um processo civil. Como um autor numa ação cível, a polícia recorrerá aos serviços de um *solicitor*, de um advogado, e os profissionais que, assim, num processo, serão empregados pela acusação poderão, num outro processo, na mesma sessão da Corte talvez, apresentar-se por conta da defesa. Em outras causas, que ocuparão a maior parte do tempo da maioria deles e constituirão a base de sua clientela, cuidarão de questões cíveis ou comerciais. Nessas condições, o advogado da acusação está menos preocupado que nosso Ministério Público em obter uma condenação (*prosecution minded*); ele se considera muito mais como um profissional do direito do que como um instrumento da acusação. O processo penal inglês, entre as mãos de *solicitors* e de advogados não especializados na acusação, será bem diferente do processo penal francês, dirigido pela ação do Ministério Público.

Como no processo civil, cabe aos *solicitors* das partes preparar as provas que serão submetidas à Corte, para que esta aprecie seu valor. Não existe, na Inglaterra, juiz de instrução, porque não há instrução no sentido estrito. O *solicitor* da polícia busca as testemunhas que serão inquiridas na audiência, o *solicitor* da defesa, por sua vez, age do mesmo modo. A isso se limita a fase preparatória do processo penal na Inglaterra; em suma, não encontramos aí nosso inquérito policial, não encontramos o que, na França, chamamos de instrução.

De que meios a polícia dispõe durante o inquérito e como vai ser, por outro lado, submetida a causa à justiça?

No que diz respeito a essas questões, o princípio é que a polícia pode ter à sua disposição certos meios que os outros particulares não têm, sem ser, no entanto, dotada de nenhum poder, de nenhuma prerrogativa própria para colocá-la fora e acima da massa dos cidadãos. Por exemplo, a polícia pode convocar uma pessoa para ouvir seu depoimento, mas, se essa pessoa não comparecer por livre e espontânea vontade, não há nenhum meio de forçá-la. Somente na justiça, perante a Magistrates' Court, depois perante a Corte de julgamento, ela poderá ser arrolada, e obrigada a comparecer, como testemunha.

A polícia pode realizar uma detenção. Mas não se trata, pelo menos em tese, de um privilégio; de acordo com a *common law*, qualquer cidadão pode sempre dar voz de prisão a outro cidadão, pelo menos no caso de certas infrações *(felonies* outrora, *arretable offences* – crime doloso – desde 1967). A única diferença está na responsabilidade que se corre caso a detenção se revele injustificada: o cidadão comum é, então, independentemente de qualquer erro de sua parte, responsável; o membro da polícia não o é, se ele tinha um "motivo razoável" de pensar que fora cometida uma infração e que a pessoa por ele detida era o autor dessa infração. Qualquer responsabilidade fica descartada, por outro lado, quando a detenção foi feita com a autorização de uma Magistrates' Court, que expediu para tanto um mandado de prisão (*warrant*). Quando uma detenção foi realizada sem mandado, um *warrant* deve ser obtido num prazo brevíssimo, na falta do qual poderia ser empregada uma ordem de *habeas corpus*, recurso famoso que sanciona as detenções arbitrárias. Esse recurso de fato nunca pode, hoje em dia, ser instaurado contra a polícia.

O direito inglês e – coisa mais notável – as práticas policiais inglesas ignoram a prisão preventiva. O francês tende a ficar surpreso, e se mostrará, sem dúvida, à primeira vista, cético quanto a essa afirmação. No entanto, ela é exata e tem uma explicação. A prisão preventiva tem por interesse essencial obter uma confissão daquele que é um suspeito. O processo penal inglês, no entanto, não está orientado para a busca da confissão; dessa diferença, sobre a qual iremos voltar, resulta, com sua inutilidade, a ausência, na prática, da prisão preventiva.

O direito inglês afirma, atualmente, um princípio: o de que o acusado, como qualquer pessoa, tem o direito de se calar. Claro, é permitido à polícia interrogar o acusado, como qualquer outra pessoa. Mas duas exceções limitam esse princípio.

A primeira delas é a seguinte: a partir do momento em que as suspeitas da polícia se consolidam e em que ela toma a decisão de processar um indivíduo, esse indivíduo deve ser advertido. Uma verdadeira "declaração de guerra" deve se produzir. A polícia pode continuar a interrogá-lo, mas deve avisá-lo, por meio de certa fórmula, de que tudo o que ele disser será escrito e poderá ser utilizado como prova contra ele no processo que lhe será movido.

A segunda exceção é a seguinte: o direito de interrogar um suspeito não deve ser objeto de abuso. Deve ser exercido com moderação, de maneira que respeite o direito, não menos importante, que tem um indivíduo de calar-se.

Ambas exceções não têm, em si, grande valor. São formuladas em muitos países, em que sua existência pouca coisa muda na prática. Todavia, na Inglaterra, é diferente: elas são, ao que parece, geralmente observadas na prática. Para esse fato, que requer uma explicação, existem várias razões. Uma delas, a principal sem dúvida, é a importância limitada que teve no fim das contas, pelo menos até uma época recente, a atividade criminosa na Inglaterra. Em outros países de *common law*, onde as coisas são diferentes e o crime é organizado, as práticas cheias de mansuetude de que a polícia inglesa se orgulha não puderam ser observadas. Além dessa observação de ordem sociológica, invoca-se na Inglaterra, para explicar o respeito às regras por parte da polícia, a maneira como é organizado o processo penal e como a prova é estabelecida no direito inglês, no decorrer desse processo. Já assinalamos o primeiro ponto: com a paridade que se procura estabelecer entre acusação e defesa, com a ausência de um Ministério Público e de advogados profissionais de acusação, com a presença do júri, o processo penal inglês se desenrola numa atmosfera diferente da do processo continental e mais propícia a condenar o que se consideraria uma "brutalidade policial". Soma-se a isso a maneira como é organizada, sob a direção de um juiz imparcial, a prova no processo penal: o juiz inglês tem meios de impedir – e não deixaria de fazê-lo – que se utilizem no processo elementos de prova que tivessem sido obtidos contrariamente ao que se estima, na Inglaterra, ser conforme à justiça e à lealdade. Por outro lado, a confissão, no espírito dos jurados e dos juízes, só adquire valor se outras circunstâncias, em geral, vierem corroborá-la, embora em tese seja uma prova suficiente, por si mesma.

O processo propriamente judiciário, em matéria penal, se desenrola, como foi dito, em duas fases, quando se trata de infrações maiores que vão ser submetidas à Crown Court.

Numa primeira fase, a polícia – ou alguma outra pessoa – oferece uma queixa à Magistrates' Court, acusando um indivíduo de ter cometido uma *indictable offence* (crime). Esse procedimento é necessário para abrir o processo que levará ao julgamento e à condenação do culpado. Ele é necessário, além disso, se a polícia quiser manter detida a pessoa sobre a qual recaem suas suspeitas. A detenção, como foi dito, pode ser realizada livremente; manter uma pessoa detida, porém, é contrário à lei, se a detenção dessa pessoa não é ordenada por uma autoridade judiciária, em geral a de uma Magistrates' Court. Por outro lado, para que esta possa autorizá-la, é necessário que uma acusação de certa gravidade tenha sido feita e que, em conseqüência, um processo judiciário penal tenha sido instaurado.

Diante da Magistrates' Court a que o caso terá sido levado desta maneira, uma audiência pública (*preliminary hearing*) vai decidir sobre a formalização da admissão da acusação. Essa audiência deve ser feita assim que for possível; em geral, ela ocorrerá sem mais tardar, depois que a acusação tiver sido formulada, já tendo a polícia reunido então provas suficientes nesse momento para estar em condição de apresentar a acusação. Excepcionalmente, pode-se decidir adiá-la; mas, nesse caso, o acusado não poderá ser mantido em prisão, salvo por prazos sucessivos que não devem ultrapassar uma semana. E o acusado sempre tem a possibilidade de recorrer contra as decisões que, deste modo, determinam a prisão preventiva.

A audiência dos Magistrates, em que é examinada a questão da admissão da acusação, é uma audiência pública. O acusado é citado e deve comparecer em pessoa. Na maioria dos casos, será assistido por um *solicitor* ou mesmo por um advogado, sobretudo desde que, recentemente, a assistência judiciária tornou-se mais fácil de ser obtida. Todavia, queixam-se na Inglaterra das restrições que ainda existem freqüentemente nessa etapa para a concessão da assistência judiciária.

A audiência diante da Magistrates' Court prefigura o processo de julgamento sobre o qual ela deve decidir. Diante dos Magistrates, a acusação expõe sua tese, cita e interroga as testemunhas, que podem ser submetidas à *cross-examination* pela defesa. O acusado é convidado, em seguida, a apresentar sua defesa, arrolando, se for o caso, testemunhas que, por sua vez, poderão ser submetidas à *cross-examination* da polícia. No entanto, de um modo geral, a defesa se recusa a apresentar seus argumentos e suas testemunhas, de sorte que, nessa etapa, ouvem-se apenas as testemunhas de acusação, limitando-se a defesa a manifestar num exercício de estilo, quando o acusado não confessou, sua indignação diante de uma ação tão visivelmente infundada. No fim da audiência, a Magistrates' Court profere sentença de admissibilidade da acusação contra o acusado.

A audiência preliminar realizada diante da Magistrates' Court, ainda que redunde de maneira quase automática na admissão de acusação, não é desprovida de interesse. Num país em que qualquer um pode se apresentar como acusador, ela corresponde a uma necessidade prática, se não se quiser expor os cidadãos à indignidade do comparecimento diante de uma jurisdição penal de julgamento. Desse ponto de vista, a audiência preliminar correponde à barreira que é imperativamente requerida.

Um segundo interesse da audiência preliminar está em dar a conhecer à defesa, detalhadamente, a acusação que pesa sobre ela e os meios que pretende empregar. Foi completamente modificada a regra antiga, segundo a qual o acusado era informado no último momento, pela leitura de um auto de acusação, redigido em latim, sobre o qual tinha de responder. Hoje em dia, considera-se que a justiça exige que seja fornecida essa informação ao acusado o mais breve possível, de maneira que ele tenha a possibilidade de preparar de modo adequado sua defesa. Por isso, a atual prática inglesa vai mais além do direito estrito, acrescentando um interesse à audiência preliminar: ela não permite que a acusação utilize, quando do julgamento da causa, argumentos ou testemunhas de última hora e que não teriam sido apresentados na audiência preliminar. O mesmo princípio não vale para a defesa, que pode empregar, a qualquer momento, os argumentos que lhe são favoráveis[7]. Vincula-se a essa diferença de tratamento, que já assinalamos, a prática do silêncio do acusado quando da audiência diante da Magistrates' Court. Apresentar sua defesa, nessa etapa, teria pouco efeito, salvo em certos casos excepcionais, porque, como quer que seja, com certeza não se conseguiria eliminar toda espécie de dúvida do espírito dos Magistrates e estes, por conseguinte, remeteriam

---

[7]. A possibilidade de invocar *in extremis* um álibi foi sujeita a certas restrições em 1967.

de qualquer modo o caso ao julgamento da Crown Court. O silêncio da defesa, em compensação, apresenta uma vantagem: ele não revela à acusação a fraqueza que se pôde descobrir em sua argumentação e reserva a possibilidade de apresentar, à última hora, uma testemunha ou um argumento inesperado, que poderá servir para desbaratar o sistema da acusação.

Além desses interesses, a audiência diante da Magistrates' Court terá ainda outras utilidades, porque proporciona a ocasião de tomar diversas decisões importantes para a continuação do processo.

Com efeito, nessa audiência, a Corte não se limita a expedir uma sentença de admissão de acusação. Ela decidirá perante qual Crown Court o acusado deverá comparecer. Este deverá ser julgado o mais rápido possível por essa Corte. A prisão preventiva não deve ser prolongada indevidamente; a imprensa não está autorizada, na Inglaterra, a falar das causas *sub judice* e a opinião pública não exerce, por esse motivo, nenhuma pressão para impedir a libertação de indivíduos simplesmente suspeitos.

Outra decisão, que a Magistrates' Court toma na audiência preliminar, concerne à sorte imediata do acusado. O princípio é, aqui, que ele deve permanecer detido até seu julgamento. Esse princípio é agravado pelo fato de que a prisão preventiva não é, na Inglaterra, necessariamente computada na duração da pena que ele deve cumprir. No entanto, a Magistrates' Court pode, salvo em certos casos, ordenar a soltura do acusado. A decisão é tomada após a Corte ter conhecimento, numa deliberação não pública, dos antecedentes do acusado e de todas as circunstâncias que a polícia ou o defensor podem alegar. A liberdade condicional é geralmente concedida, contanto que o acusado forneça uma garantia, pessoal ou real, de que se apresentará em justiça (*bail*), ou sob alguma outra condição que cabe à Corte estabelecer.

A instância de julgamento diante da Crown Court se desenrola da seguinte maneira. A Corte, originalmente, pergunta ao acusado se ele se declara "culpado" ou "inocente". No segundo caso, constitui-se um júri de 12 membros em princípio, ao qual cabe emitir um veredicto sobre a questão da culpabilidade. Esse veredicto é inútil quando o acusado se declara culpado; nesse caso, só deve ocorrer o julgamento da Corte, que tira as conseqüências da culpabilidade do acusado.

O processo diante do júri é semelhante ao que descrevemos em matéria cível. Trata-se, em ambos os casos, de um processo inteiramente oral, em que se sucedem as testemunhas de acusação e as testemunhas de defesa, submetidas à *examination-in-chief* e à *cross-examination*.

O processo penal inglês, também sob esse aspecto, difere por características essenciais do processo penal francês. Vamos ressaltar aqui as mais essenciais dentre essas diferenças e os traços mais característicos do processo inglês.

Uma das características mais notáveis desse processo, oposto ao processo francês, é a ausência de interrogatório do acusado pelo juiz. O acusado não podia, outrora, ser submetido, na audiência pública, a nenhum interrogatório. Desde 1898, pode ser interrogado pelo advogado de acusação e por seu próprio advogado, se aceitar ser testemunha de sua própria causa. Esse interrogatório tornou-se habitual, pois a recusa do acusado a se prestar a ele reforça inevitavelmente, no espírito do júri, a tese da acusação, muito embora essa recusa seja um direito do acusado. No entanto, em nenhum momento ele será submetido, nem nesse caso, nem quando se recusa a testemunhar em seu processo, a um interrogatório pelo juiz.

Outra característica notável do processo penal inglês é a estrita regulamentação das provas consideradas admissíveis ou não na audiência. O processo se desenrola diante de um júri, a quem é submetida uma só questão: o acusado é ou não culpado? O direito inglês visa concentrar a atenção nessa questão, e apenas nela. Não se admite, por exemplo, que sejam invocadas a vida anterior ou a folha corrida do acusado, de maneira que desloque o debate sobre o crime cometido para a personalidade do acusado. Os antecedentes deste só desempenharão um papel quando o juiz for estabelecer o "quantum" da pena, se ele for julgado culpado. Não se admite que se tire dos antecedentes uma presunção a favor tanto da culpabilidade quanto da não-culpabilidade do acusado. As "testemunhas que atestam sobre o réu" são, pela mesma razão, desconhecidas na Inglaterra, pois seu depoimento nada tem a ver com a questão material colocada ao júri e pode servir apenas para confundi-lo.

O júri é composto de não-juristas; outrora, compunha-se na maioria das vezes, e majoritariamente, de iletrados. Certas precauções se impõem, se se quiser que ele chegue a veredictos razoáveis. Daí a exclusão de certas provas, consideradas como sendo, de modo geral, pouco seguras, como a *hearsay evidence*, em que uma testemunha pretenderia relatar o que outra pessoa disse ou alegar o que outra pessoa escreveu. Essa prova é, entre outras razões, julgada pouco segura e é excluída porque as palavras ou escritos alegados foram ditos ou feitos fora de um juramento do autor e também porque este último não pode ser submetido à *cross-examination*. No processo penal inglês, rejeita-se, no que concerne à sua aplicação ao júri, o princípio da convicção do juiz.

As regras inglesas concernentes à inadmissibilidade de certas provas são severamente sancionadas. O juiz que dirige os debates garante o respeito destas. Ele será ainda mais intransigente em relação a elas porquanto um veredicto culpado, pronunciado depois da aceitação de provas inadmissíveis em direito, estaria sujeito a cassação, com a inevitável conseqüência de que a acusação teria de desistir da ação, e o acusado, condenado de acordo com um processo irregular, seria solto de forma definitiva.

As regras concernentes à deliberação do júri, ainda há pouco muito estritas, foram atenuadas, em época mais recente. Em particular, introduziram-se em 1967 certas derrogações à regra de que a decisão do júri devia ser tomada por unanimidade. Essa regra era um vestígio da época em que o testemunho de doze pessoas era considerado uma prova perfeita que estabelecia o direito do autor. Nos casos, excepcionais, em que não se conseguia chegar à unanimidade para um veredicto de culpado ou de não-culpado, o processo era retomado diante de um novo júri. Se este, por sua vez, não conseguia chegar à unanimidade, a prática era desistir da acusação.

### III. Os modos de recurso

A forma como os modos de recurso são organizados na Inglaterra apresenta um interesse especial, pois esclarece a própria concepção do direito, fundada na tradição, que continua, em muitos aspectos, vigente nesse país. Os princípios que governam a organização judiciária requereram, por outro lado, nessa matéria, uma regulamentação e uma prática profundamente diferentes daquilo que conhecemos na França.

1. Recurso contra os julgamentos das Cortes superiores.
2. Recurso contra os julgamentos das Cortes inferiores.

**1. Julgamentos das Cortes superiores.** – Os julgamentos proferidos pela High Court of Justice ou pela Crown Court estão sujeitos a um recurso, que é o *appeal*; os que são proferidos pela Court of Appeal ou por uma pluralidade de juízes (Divisional Court) do Banco da Rainha podem, por outro lado, ser objeto de um *appeal* à Câmara dos Lordes. Como esse modo de recurso é concebido? Em que condições é possível? A que soluções conduz? E, qual é, na prática, seu emprego?

O *appeal* foi, segundo a tradição, concebido de maneira diferente na *common law* e na *equity*. Tal fato é fácil de se compreender. O processo na *common law* comportava a existência, ao lado do juiz, de um júri. Essa instituição teria perdido sua razão de ser se se tivesse admitido, na Inglaterra, uma apelação do tipo da francesa, permitindo ao juiz de segunda instância controlar o julgamento proferido em primeira instância, tanto em relação às questões de fato quanto às de direito. Por isso o *appeal* inglês apenas submeteu ao juiz de segunda instância, em *common law*, a conduta e a decisão *do juiz*, isto é, empregando uma fórmula simplificadora, as questões de direito; o veredicto do júri permanecia inatacável, salvo na hipótese em que pudesse parecer fundado em erros cometidos pelo próprio juiz (admissão de provas não admissíveis em direito, ou não admissão de provas que deveriam ter sido admitidas, resumo dos debates feitos ou instruções dadas por ele ao júri de maneira juridicamente incorreta), razão pela qual o juiz de segunda instância, contra a vontade, poderia ordenar um *new trial*, a submissão do caso a um novo júri. Limitado às questões de direito, o *appeal* poderia parecer, em compensação, com um recurso particularmente útil em *common law*, precisamente devido à existência do júri. A audiência pública, o *day in Court*, organizada em função desse júri, tem um caráter dramático: o juiz (*trial judge*) deve tomar decisões imediatas, sem poder refletir a seu contento; as qualidades que lhe são solicitadas são para dirigir os debates, e não as qualidades de jurista. Nas matérias importantes, julgadas pelas Cortes superiores, parece adequado que o julgamento proferido seja revisto por juristas renomados, num tribunal colegial, fora da atmosfera da audiência pública de primeira instância.

Na jurisdição de *equity* da Chancelaria, as coisas são diferentes. A lide foi julgada em primeira instância sem júri, por um juiz escolhido por suas qualidades de jurista. Seria mais difícil admitir um recurso contra a sentença proferida. Todavia, essa foi admitida, em razão das vantagens que tem, juntamente com o princípio do duplo grau de jurisdição, o princípio da colegialidade dos juízes em segunda instância. Por outro lado, como a lide foi julgada em primeira instância sem a participação de um júri, não há motivos para limitar os poderes do juiz de segunda instância ao controle da maneira como o direito foi aplicado pelo juiz de primeira instância. De acordo com o modelo canônico, em que se inspirou o rito processual da *equity*, o *appeal*, também chamado *rehearing*, será em *equity* o equivalente do nosso apelo: os juízes re-examinarão, em segunda instância, todo o processo.

Em 1875, Cortes de *common law* e Cortes da Chancelaria tornaram-se simples "divisões" de uma Corte Suprema única, a Supreme Court of Judicature – e o regimento dessa Corte submeteu essas divisões, em princípio, a regras processuais uniformes. Qual o significado de um *appeal* que somente pode ser dirigido a uma Court of Appeal única?

Do ponto de vista teórico, pode-se afirmar que a concepção da *equity* triunfou: os juízes da Court of Appeal podem exercer seu controle tanto em relação à maneira como os juízes de primeira instância apreciaram os fatos da espécie quanto em relação às conseqüências jurídicas resultantes desses fatos e em relação às regras de direito por eles afirmadas e aplicadas no caso.

Na prática, porém, é permitido pensar que muito pouca coisa mudou da situação anterior. Os *common lawyers*, que atuam na Court of Appeal, poderiam sem dúvida revisar a maneira como os fatos foram apreciados em primeira instância. Todavia, será muito difícil persuadi-los a fazê-lo. Já os *equity lawyers*, que compõem uma das Câmaras da Court of Appeal, perpetuando sua própria tradição, o admitirão mais facilmente. É possível certa aproximação entre as duas atitudes, depois que o júri tornou-se, mesmo na Divisão do Banco da Rainha, uma instituição excepcional. Contudo, outros argumentos militam em favor da manutenção da regra antiga; o próprio juiz de primeira instância viu e ouviu as testemunhas, os juízes da Court of Appeal não têm essa possibilidade; eles são, por essa razão em particular, inclinados a seguir o juiz de primeira instância, que estava, segundo o ponto de vista inglês, numa posição melhor para apreciar de forma justa os fatos da espécie.

A Court of Appeal pronunciou, em 1972, 395 acórdãos relativos a recursos contra sentenças proferidos pela High Court of Justice; em 242 casos, a sentença da High Court foi confirmada pura e simplesmente. Por outro lado, pronunciou 157 acórdãos referentes a recursos contra sentenças da Corte de Condado; em

96 casos, a sentença dada em primeira instância foi confirmada.

O recurso à Câmara dos Lordes, contra as sentenças proferidas pela Court of Appeal, pode também, em teoria, ser uma apelação. Mais ainda do que na Court of Appeal, pode-se ter certeza, todavia, de que os Lordes aceitarão os fatos da espécie, tais como foram determinados definitivamente pelos juízes, contra a decisão objeto de apelação. O recurso à Câmara dos Lordes é, portanto, desse ponto de vista, o equivalente de um *pourvoi en cassation* francês*.

O recurso à Court of Appeal é oferecido "de jure" à parte que não obteve ganho de causa na High Court of Justice. Nenhuma outra condição, além da observação de um certo prazo, é imposta para o exercício desse recurso. Em compensação, o recurso à Câmara dos Lordes é estritamente limitado. É necessário em princípio, para que esse recurso seja possível, que a Court of Appeal o tenha autorizado. Além disso, é permitido dirigir uma "petição" à Câmara dos Lordes, para que ela se digne a conhecer a lide; todavia, a Câmara dos Lordes só com muita parcimônia defere essas petições. Em 1972, a Câmara dos Lordes recebeu 72 petições e aceitou julgar 52 casos, examinando assim 36 sentenças da Court of Appeal (7 das quais da Criminal Division dessa Corte), 8 sentenças proferidas pela Divisional Court do Banco da Rainha e 8 sentenças da Court of Session (escocesa). Esses números podem servir para justificar a própria existência do recurso à Câmara dos Lordes, deixando claro que as causas, submetidas a um número

---

\* Trata-se de um "recurso" perante a Corte de cassação francesa para que ela corrija qualquer violação à lei, abuso de autoridade, incompetência do juiz, violação ao direito processual. A Corte de cassação não examina os fatos mas pura e simplesmente a boa aplicação do direito. Esta Corte é a instância suprema competente em matérias cível, comercial, trabalhista e penal. (N. do R.T.)

maior de juízes, também aí podem ser examinadas mais à vontade do que na Court of Appeal, por não estarem os Lordes sobrecarregados[8].

A Court of Appeal e a Câmara dos Lordes podem, nos seus acórdãos, confirmar ou modificar a decisão que lhes é submetida. Elas podem também, em algumas hipóteses, pronunciar sua cassação, com ou sem reenvio ao juízo "a quo". A cassação com reenvio somente é pronunciada excepcionalmente, em razão do grave inconveniente de multiplicar as custas para as partes. Uma exceção deve ser ressaltada em relação à Câmara Criminal da Court of Appeal: essa não pode, em hipótese nenhuma, cassar com reenvio ao juízo "a quo"; portanto, seu acórdão terá por conseqüência, inevitavelmente, uma absolvição, mesmo que esta esteja fundada num erro processual cometido durante o processo, sendo que a culpa do acusado permaneceria incontestada.

**2. Julgamentos das jurisdições inferiores.** – Se a organização dos modos de recurso contra os julgamentos das Cortes superiores tem certas particularidades notáveis aos olhos dos juristas franceses, a originalidade é ainda maior quando examinamos as senteças proferidas pelas jurisdições inferiores.

O princípio da *common law*, aqui, é que o controle não será exercido pelo *appeal*, mas sim, segundo modalidades bem diferentes, pela *revisão (review)*. No entanto, esse princípio que vamos explicar tem sido freqüentemente rejeitado por leis mais ou menos recentes, que admitiram, no domínio que ora analisamos, a possibilidade do *appeal*.

---

8. Os Law Lords constituem, por outro lado, o pessoal permanente do Comitê judiciário do Conselho privado, que proferiu 27 sentenças em 1972. Estão longe de serem ociosos, pois.

Em que consiste o recurso de *review* e em que ele se diferencia do *appeal*? Para responder a essa questão, é necessário remontar às origens e levar em consideração o desenvolvimento histórico do direito inglês e da *common law*.

A *common law*, como sabemos, é o conjunto das regras que foram definidas ao longo dos séculos pelas Cortes reais de Justiça, Cortes essas que não tinham uma competência geral e que tratavam exclusivamente dos litígios que interessavam às personalidades importantes ou que concerniam interesses considerados suficientemente relevantes.

A maior parte das demandas não era, originalmente, da competência das Cortes Reais e, até o século XIX, o custo elevado e a complexidade das regras processuais perante essas Cortes desencorajaram a maioria dos cidadãos a recorrer a elas. A grande maioria dos litígios sempre foi julgada, e ainda hoje continua sendo, pelas jurisdições inferiores e não pelas Cortes superiores.

Esses litígios, por sua pouca importância, não interessam às personalidades importantes que são os juízes das Cortes superiores. Estes, conseqüentemente, não estão preparados para conhecê-los, nem em primeira instância e menos ainda em segunda instância; portanto, o *appeal* será excluído para esses litígios.

Tudo o que se pode esperar dos juízes das Cortes superiores é que exerçam um controle eminente não sobre a forma como as lides são resolvidas quanto ao mérito, mas sobre a maneira como a justiça é administrada: o comportamento dos juízes, sua honestidade, sua imparcialidade e sua lealdade no exercício de suas funções. Que eles dêem à lide esta ou aquela solução, não tem importância! Mas desde que não sejam culpados de *misconduct*! O procedimento de revisão, previsto pela *common law*, tem por objetivo manter as autoridades judiciárias – de resto pouco distintas das autoridades administrativas – em seu devido lugar e sancionar uma eventual *misconduct* por parte delas. Essa atmosfera de direito público, que impregna o direito inglês, é semelhante a certos tipos de controle de legalidade exercidos na França pelo Conselho de Estado, muito além do controle exercido quanto ao mérito do direito pela Corte de Cassação.

O procedimento de *review* é instaurado quando uma parte obtém um dos *prerogative writs*, por meio dos quais as Cortes controlam tanto as autoridades judiciárias como as administrativas, para que "reine o direito" no reino: a missão do poder judiciário não é apenas a de decidir os litígios, mas, de modo mais abrangente, a de fazer com que reine o direito.

O *writ* mais utilizado no controle das jurisdições inferiores é o *writ* (hoje *order*) de *certiorari*, pelo qual a Corte superior recebe os autos (*record*) do processo cujo julgamento já ocorreu. O controle da Corte superior, deste modo, será feito no procedimento seguido, cuja regularidade formal será assegurada. O erro de mérito cometido pela jurisdição inferior só será levado em consideração se este aparecer à leitura dos autos, fato que raramente acontece na Inglaterra, pois as sentenças de todas as jurisdições só excepcionalmente são acompanhadas dos motivos. Aliás, como poderia ser diferente? As jurisdições inferiores, seguindo a tradição, são formadas por pessoas notáveis, comerciantes; não são compostas por juristas e, por essa razão, se desses juízes não juristas se pode e se deve esperar um comportamento honesto e justo, não se pode esperar uma aplicação do direito sempre correta.

Concluindo, na Inglaterra é como se a sociedade estivesse organizada numa base dualista. Para as demandas importantes, a sociedade está submetida estritamente ao direito, que é a *common law*, administrada pelas Cortes Reais. Para todo o resto que não tenha a importância que justifique o recurso a essas Cortes, procura-se restabelecer a ordem no lugar de fazer reinar o direito. Por essa razão as jurisdições inferiores são compostas por juízes sem qualificações jurídicas, os quais sem dúvida julgarão com base na eqüidade, de uma maneira mais próxima à consciência popular do que ao direito estrito; a eles, pede-se que se conduzam como pessoas de bem, não se pode pedir que raciocinem e julguem como juristas. A *review* exercida pela Corte superior sobre sua atividade e suas sentenças será diversa, por necessidade ou por princípio mesmo, do *appeal* que encontramos no seio das Cortes superiores.

Quer-se obter, num caso, uma aplicação mais estrita do direito? Dois procedimentos estão disponíveis aos interessados. O primeiro, é óbvio, consiste em submeter diretamente todo o litígio a uma Corte superior; as Cortes Reais adquiriram, no correr dos séculos, uma competência universal, sempre é possível submeter a elas o litígio, desde que se esteja disposto a arcar com as custas de um processo perante essas Cortes e se consiga persuadi-las de que a lide é suficientemente importante para que elas se dignem a conhecê-la. O segundo procedimento que pode ser empregado é o chamado *case stated*. Os interessados submetem seu litígio a uma jurisdição inferior e, durante o processo, surge uma questão de mérito delicada. Uma das partes pode pedir ao juiz que está examinando a lide que suspenda o processo; a questão de mérito, devidamente formulada, será encaminhada à Corte superior, que indicará à jurisdição inferior a direção a ser seguida no seu julgamento, de acordo com o direito[9]. Essa opinião

---

9. A Divisão do Banco da Rainha proferiu, em 1972, 155 sentenças sobre *case stated*; 137 desses casos provinham das Magistrates' Courts, 18 da Crown Court.

será obrigatória para a jurisdição inferior, que poderá tornar-se culpada de *misconduct*, caso desrespeite a opinião da Corte superior. A jurisdição inferior não está obrigada a suspender o processo, mas essa recusa pode ser considerada como *misconduct* juntamente com uma sentença dada contrária ao direito.

A recusa ao recurso *appeal* e o alcance restrito da *review* exercida pelas Cortes superiores estão ligadas historicamente à idéia de uma sociedade subordinada, não totalmente, ao reino do direito (*rule of law*), sociedade em que uma grande parte das relações sociais permanecia regida pelos princípios da eqüidade, segundo técnicas que recorrem à conciliação ou à pressão da opinião pública e dos notáveis, ao invés da noção de direito estrito.

A situação modificou-se, em nossos dias, onde a influência dos notáveis diminuiu com o progresso dos ideais democráticos e em que, por outro lado, a menor coesão dos grupos e um individualismo crescente, ligados ao fenômeno da industrialização e da urbanização, conduziram a uma afirmação mais estrita da idéia de direitos subjetivos e, com ela, da concepção "moderna" do direito. O *appeal*, nessas condições, foi admitido em diversos casos, pela intervenção da lei (*statute*).

Um primeiro progresso muito importante aconteceu, em 1846, quando a justiça das Cortes inferiores em matéria cível foi totalmente reorganizada em bases modernas. As Cortes de Condado então criadas foram confiadas a juízes em tempo integral, que são juristas por profissão. Desses juízes, foi natural exigir a aplicação, quanto ao mérito, das regras do direito, além de um comportamento honesto e do respeito aos ritos processuais fundamentais. Com uma exceção, comparável à que é admitida na França – a exigência de que o interesse em litígio tenha certa importância –, foi admitido o *appeal* contra suas sentenças. Esse recurso era dirigido, até 1934, a uma Divisional Court da Divisão do Banco da Rainha; a partir de 1934, esse recurso é dirigido à Court of Appeal.

Na verdade, é raro o recurso contra uma sentença de uma Corte de Condado perante a Court of Appeal. Enquanto em 1967 as Cortes de Condado proferiam 135 773 sentenças contraditórias, no mesmo ano a Court of Appeal pronunciou 191 acórdãos dos recursos interpostos das decisões das Cortes de Condado. Em 145 casos, o recurso fundava-se em erro de direito pretensamente cometido pela Corte de Condado; em 46 casos, fundava-se em erro de fato. Sessenta e cinco sentenças da primeira categoria e 23 da segunda foram confirmadas, pura e simplesmente, pela Court of Appeal.

Por outro lado, observamos que a lei admitiu, paralelamente, um *appeal* contra as decisões pronunciadas pelas Magistrates' Courts em matéria de separação entre cônjuges ou de alimentos. O recurso é, nesse caso, dirigido a uma Divisional Court da Divisão da Família. Setenta e nove acórdãos foram pronunciados por essa Corte em 1972, nas apelações interpostas contra as decisões das Magistrates' Courts.

Em matéria penal, houve uma evolução semelhante. O *appeal* foi admitido, no interesse da liberdade, contra as sentenças condenatórias proferidas pela Crown Court. A Court of Appeal não julga quanto ao mérito, a não ser que a Corte, cuja decisão é objeto de apelação, autorize o *appeal* ou se a própria Court of Appeal julgue conveniente conhecer a lide. Na verdade, o segundo caso é mais freqüente do que o primeiro e pode ser considerado a regra. Em 1973, foram submetidas à Câmara Criminal da Court of Appeal 6171 demandas; destas, 1541 foram retiradas, a Corte aceitou conhecer a lide em 1055 casos e recusou 3516 casos. Nesse mesmo ano, a Corte proferiu 1116 acórdãos relativos ao mérito.

As decisões pronunciadas em matéria penal pelas Magistrates' Courts também podem ser, atualmente, objeto de um *appeal*. Esse *appeal* é dirigido à Crown Court. Na verdade, é raríssimo o exercício de tal recurso; talvez a razão principal é que, em geral, custa mais caro interpô-lo do que pagar a multa a que se foi condenado pela Magistrates' Court. Enquanto 1883894 pessoas foram condenadas pelas Magistrates' Courts em 1973, a Crown Court só conheceu, nesse ano, em apelação, 8879 condenações, sendo que 803 casos foram cassados e, em 2984 casos, foi modificada a pena pronunciada em primeira instância.

Em matéria administrativa, a via da *review* é, de um modo geral, a única admitida. O problema, nesse caso, é, para dizer a verdade, muito mais que a extensão do *appeal*, o da extensão a se dar, pela via da ordem de *certiorari*, à própria *review*. Esse é um dos principais problemas atualmente levantados pela *administrative law* na Inglaterra. Note-se que, em 1972, a Divisão do Banco da Rainha pronunciou 52 decisões e a Divisão da Chancelaria, 46, sobre recursos interpostos contra decisões de tribunais administrativos.

Capítulo IV
# *O direito constitucional*

Nossos livros de história nos descrevem a maneira como as liberdades inglesas se afirmaram, desde a Magna Carta de 1215, e nos mostram como o despotismo real foi jugulado na Inglaterra graças ao desenvolvimento de instituições democráticas, cujo mérito nós somos convidados, por muitos autores, a relacionar ao sucesso econômico e ao prestígio mundial desse país.

A expressão constitutional *law*, porém, é recente na Inglaterra. Em seus célebres *Comentários sobre a "common law"*, publicados em 1765-69, Blackstone ignora essa rubrica. A Inglaterra nunca teve uma Constituição formal, enunciando solenemente os princípios sobre os quais estava fundado seu governo. Na ausência de tal documento, ficamos embaraçados para dizer o que depende e o que não depende da ordem constitucional. A própria noção de Constituição é para os ingleses muito imprecisa, como era para nós na França antiga. Na falta de um critério formal, os ingleses só descobrem o conteúdo de sua Constituição pela comparação, considerando as matérias que, nos outros países, são regidas pela Constituição. Essa observação não é uma simples frase de efeito: na verdade, foi Montesquieu que ensinou aos ingleses que eles tinham uma Constituição.

Os ingleses têm uma Constituição. Mas têm eles um direito constitucional? As duas coisas, para o jurista francês, caminham juntas, porque o jurista, que recebeu sua formação nas Universidades, está habituado a ver no direito um modelo de organização social, logo, um conjunto de regras. O jurista inglês tem outra tradição. Para ele, o direito consiste essencialmente em ações na justiça e em normas processuais. A descrição das engrenagens do governo britânico, a maneira como as instituições políticas são implantadas e funcionam, as relações existentes entre os diversos poderes governamentais, é uma matéria que interessa à ciência política ou à ciência da administração; na falta de um contencioso judiciário capaz de enxertar-se nela e na medida em que não interessa às Cortes de Justiça, essa matéria não pertence ao direito. Por isso, uma grande parte do que constitui o direito constitucional e o direito administrativo francês escapa da ciência do direito na Inglaterra; tratada em obras intituladas *The British Constitution* ou *Local Government in England*, ele não está dentre os livros intitulados *Constitutional Law*, nem os chamados *Administrative Law*.

Independentemente do fato de não serem objeto de um contencioso judiciário, as regras de nosso direito constitucional (ou de nosso direito administrativo) que visam descrever a organização dos poderes públicos não são consideradas, na Inglaterra, constitutivas do direito por uma outra razão. A regra de direito, na concepção dos ingleses, caracteriza-se por um certo rigor, uma certa rigidez, fora da qual não se poderia falar de direito. Ora, esse rigor inexiste, e não é necessário que ele exista nas matérias que concernem à vida política da Inglaterra. Os ingleses não têm Constituição escrita formal; isso não é um acaso; eles não querem ter, eles consideram as Constituições escritas uma coisa ruim, na medida em que tendem a introduzir o rigor do direito numa matéria em que tudo deve ser resolvido por métodos flexíveis, na busca de uma harmonia. A vida política do povo britânico é governada por práticas, por "convenções", em vez de o ser por regras: há o que se faz e o que não se faz, e admite-se que tanto uma coisa como outra podem mudar um dia em função de novas circunstâncias, num meio que não será mais o mesmo. Desejando reduzir essas "convenções" a uma noção jurídica, os autores do continente europeu por vezes falaram, a seu respeito, de "costume constitucional". É melhor evitar essa palavra "costume", de coloração jurídica, como fazem os próprios ingleses. De fato, eles têm bons motivos para não empregá-la: a Constituição, entendida como a descrição das engrenagens do governo britânico, não é, para eles, uma matéria que pertença ao direito.

No entanto, fala-se, na Inglaterra, atualmente, de *constitutional law*. O que se entende por essa expressão? Partindo da idéia de que o direito, na Inglaterra, é íntima e irredutivelmente ligado à idéia de contencioso judiciário e de regras processuais, é fácil conceber seu significado: o direito constitucional inglês estuda os meios pelos quais é possível impor aos governantes e à administração, por vias judiciárias, o respeito ao direito. Ele compreende, conseqüentemente, o estudo da maneira como são protegidas as liberdades públicas, bem como o da maneira como é realizado o controle da legalidade dos atos administrativos. Em suma, por esse duplo conteúdo, nada tem a ver com nosso direito constitucional francês. Estudaremos sucessivamente, em duas seções, o *habeas corpus* inglês, depois a maneira como é concebida, na Inglaterra, a responsabilidade da Coroa e da administração.

## I. As liberdades públicas

A Inglaterra é o país da Europa em que as liberdades públicas foram mais cedo protegidas contra o despotismo do soberano. Não é ela, porém, o país da Declaração dos Direitos do Homem. A Inglaterra nunca conheceu tais Declarações. O inglês sente apenas ceticismo e até mesmo desconfiança por esses documentos. Seu espírito não o leva a declarações de princípio. A concepção processual que tem do direito leva-o a ver as coisas sob um prisma mais pragmático: a Inglaterra é um país em que foram organizadas normas processuais eficazes para defender e salvaguardar as liberdades fundamentais. A maneira de ver inglesa é caracterizada por uma afirmação feita com freqüência nesse país: não há, na Inglaterra, Constituição que proclame os direitos e as liberdades dos indivíduos, existem apenas regras, ritos processuais que assegurem esses direitos e essas liberdades, e são essas regras, esses ritos, que formam a Constituição da Inglaterra. O direito constitucional inglês (*constitutional law*), ausente na descrição das instituições políticas inglesas, consiste, em grande parte, na descrição dos procedimentos que servem, desta sorte, para garantir as liberdades do cidadão inglês. *Remedies precede rights*: esse brocardo é verdadeiro no direito constitucional, como também o é nas relações entre particulares.

Na primeira linha dessas liberdades ou direitos fundamentais (*fundamental rights, civil liberties*), que os ingleses se orgulham de ter protegido com eficácia em seu país, figura a garantia de não ser detido arbitrariamente: *freedom from arrest*. Durante séculos, os esforços dos ingleses dirigiram-se para a conquista desse direito fundamental, que é a própria condição de todas as outras liberdades "particulares" (liberdade de expressão, de imprensa, de reunião). O desenvolvimento do direito constitucional e da forma democrática de governo na Inglaterra é balizado pelas leis espetaculares – Magna Carta, Bill of Rights, Habeas Corpus Act –, que, de um modo sempre mais seguro, asseguram o indivíduo contra uma detenção arbitrária. A expressão *habeas corpus*, emprestada do direito inglês, tornou-se no mundo inteiro a expressão de um ideal. O que é, então, esse *habeas corpus* inglês, universalmente conhecido, e a cujo estudo limitaremos, por essa razão, nossos desenvolvimentos.

Em primeiro lugar, o que significam as próprias palavras, um tanto enigmáticas, *habeas corpus*? As palavras *habeas corpus* são, originalmente, duas palavras que constavam na fórmula do *writ* – escritas em latim –, pelo qual o soberano ordenava que uma pessoa, em certo processo, comparecesse e se explicasse na justiça. "Tu deténs injustamente um de nossos súditos, X..., dizia essa fórmula: liberta-o, ou, então, vem explicar perante meus juízes por que causa tu o detiveste e, nesse caso, traz esse indivíduo contigo (*habeas corpus*) à audiência para a qual tu estás citado." As palavras *habeas corpus* foram retomadas pela doutrina e pelo legislador; mas, como vemos, essas palavras têm sua origem num ato introdutório de instância, num *writ*: a proteção da liberdade não deve ser esperada de uma declaração solene de direitos, ela só tem sentido no âmbito de uma ação judicial; é um procedimento antigo que foi gradativamente adaptado e aperfeiçoado, para se ter nele um meio de garantir eficazmente a liberdade.

O paradoxo é que o procedimento de *habeas corpus* tinha, em sua origem, outro objeto. Não visava garantir a liberdade dos cidadãos, mas sim reforçar a autoridade real diante dos senhores. Vinculado à "prerrogativa real", o procedimento de *habeas corpus* não poderia jamais ser instaurado contra medidas de detenção decretadas em nome do rei, por mais arbitrárias que essas medidas pudessem ser. A Magna Carta de 1215, no seu artigo 39, proclamava solenemente o princípio de que nenhum indivíduo deveria ser preso ilegal ou arbitrariamente. Mas como o princípio assim proclamado não era acompanhado de nenhuma sanção, permaneceu como letra morta até o advento da dinastia dos Stuarts. Na Inglaterra como na França, até essa época, conheciam-se as *lettres de cachet**, cujo caráter legítimo as próprias Cortes Reais reconheciam expressamente. Assim, em 1588, sob o reinado de Elizabeth I, um certo Howell foi preso por ordem da rainha. Utilizando o procedimento de *habeas corpus*, tenta-se conseguir sua libertação. Os juízes declaram a petição procedente, o que já manifesta um certo progresso, mas declaram que Howell foi detido regularmente: o soberano tem o poder, não controlado pelas Cortes, de prender os indivíduos se o bem comum assim o exigir, e ele é o único juiz, agindo em seu Conselho particular do que esse bem comum exige. Ainda em 1627, no célebre caso Darnel, o mesmo princípio é reconhecido e aplicado pelos juízes.

    A dinastia dos Stuarts, pró-católica e escocesa, não é capaz de manter o absolutismo real que os ingleses aceitaram um século antes com alívio, vendo nele a volta à ordem e à paz depois da guerra das Duas Rosas, sob a dinastia dos Tudors. Carlos I, logo após a detenção de Darnel, é obrigado a ratificar em 1628 a Petition of Right, que o Parlamento lhe apresenta e que proíbe, na Inglaterra, as *lettres de cachet*. É claro que, daí em diante, uma pessoa deverá ser libertada se,

---

\* Carta lacrada com o timbre real, empregada pra dar uma ordem de prisão, sem prévio julgamento. (N. T.)

num processo de *habeas corpus* impetrado contra quem a detém, o guardião não justificar que seu prisioneiro está encarcerado regularmente e conforme a lei.

O princípio, que já fora proclamado na Magna Carta, é reafirmado, e existe agora uma ação – a do *habeas corpus* – para garantir sua sanção. Esse procedimento, porém, está longe de ser plenamente eficaz. Encontrar-se-ão juízes suficientemente corajosos para impor à autoridade real o respeito a essa lei? É a primeira pergunta, fundamental. Além do mais, não faltam ao rei meios para fazer com que fracasse o procedimento de *habeas corpus* ou – o que dá no mesmo – para fazer com que se arraste indefinidamente. O procedimento de *habeas corpus* só se tornará verdadeiramente eficaz para garantir a liberdade dos cidadãos quando receber uma regulamentação apropriada, que permita frustrar as manobras dilatórias e os estratagemas variados que a administração pode ser tentada a recorrer.

Na realidade, é essa regulamentação técnica do *habeas corpus* que importa, pois só ela pode dar a esse procedimento um valor prático; é a esse respeito que se pode admirar a excelência do direito inglês, em relação a inúmeros outros direitos, em que o mesmo princípio de inviolabilidade da pessoa humana foi proclamado, mas em que não foram instituídos remédios eficazes para dar-lhe pleno efeito.

A regulamentação do *habeas corpus*, visando fazer desse *writ* um instrumento eficaz de garantia contra uma detenção arbitrária, foi gradualmente elaborada e aperfeiçoada na Inglaterra. Uma etapa importante na história dessa regulamentação é marcada pelo Habeas Corpus Act, de 1679; outros aperfeiçoamentos ocorrerão em seguida, especialmente em 1816.

Quais características o procedimento de *habeas corpus* apresenta para ter adquirido, no mundo inteiro, tamanha celebridade? É fácil evidenciá-las, se deixarmos de lado os detalhes.

O primeiro ponto a ressaltar é que se trata, aqui, de uma ação "popular". Qualquer um pode, em nome de uma pessoa que é detida, agir e pedir a expedição do *writ* de *habeas corpus*. Não se exige do impetrante nenhum interesse pessoal.

Segundo ponto: a expedição do *writ* pode ser solicitada perante qualquer juiz da High Court of Justice, mas apenas uma Divisional Court pode, no processo instaurado nesse *writ*, pronunciar-se contra a soltura.

Terceiro ponto, relativo às próprias regras do processo: o pedido de outorga do *writ* é examinado pelo juiz, a quem é dirigido, *sem dilação*, interrompendo este o exame de todas as outras causas. O pedido do *writ* de *habeas corpus*, envolvendo a liberdade de um cidadão, tem prioridade sobre todas as outras causas. O juiz deve expedir o *writ* se há indícios razoáveis que permitam pensar que a liberdade de um cidadão sofre uma ofensa injustificada. Em seguida, são previstos prazos rigorosos para o exame do mérito da causa: em no máximo três dias o impetrado deverá se apresentar perante a Corte, acompanhado da pessoa que ele deteve. Enfim, são tomadas precauções para que o processo de *habeas corpus* possa ser instaurado mesmo que não se possa estabelecer com precisão quem é o carcereiro e, por conseguinte, contra quem a ação deve ser movida.

Quarto ponto: se as explicações dadas para justificar a detenção (o *return*) não parecerem satisfatórias, é dada ordem para libertar a pessoa detida injustamente. Essa ordem deve ser executada *imediatamente* e não é cabível *nenhum recurso*[1].

---

1. Contudo, uma exceção a esse princípio foi feita em 1960; desde então é possível, em matéria penal, interpor um recurso à Câmara dos Lordes.

O processo de *habeas corpus*, baseado nesses princípios, merece com toda certeza nossa admiração, principalmente se considerarmos as sanções rigorosas que recaem sobre aquele que desobedece à ordem dada por uma autoridade judiciária: aquele que não levar seu prisioneiro perante o juiz, aquele que não o libertar imediatamente por ordem do juiz, aquele que o prender de novo depois de o tê-lo libertado por ordem do juiz torna-se culpado por contumácia (*contempt of Court*) e, em conseqüência disso, está sujeito a uma pena de prisão cuja duração é deixada ao arbítrio da Corte.

São as regras técnicas do *habeas corpus* suficientes para garantir eficazmente a liberdade dos cidadãos? Seria vão crer nisso, e é por essa razão que o *habeas corpus* permaneceu, em tantos países, um modelo ineficaz.

Na própria Inglaterra, o *habeas corpus* só pode ser utilizado nas detenções *arbitrárias*. Mas uma detenção deixa de ser arbitrária se for autorizada pelo Parlamento. Duas vezes, em circunstâncias de crise em função das duas guerras mundiais, o Parlamento concedeu às autoridades administrativas os mais amplos poderes para deter pessoas definidas de maneira bastante vaga pela lei. Os juízes ingleses aceitaram, não sem protesto de alguns deles, que fosse suprimido assim todo e qualquer controle sobre as condições em que uma pessoa era privada de sua liberdade. No fim das contas, essa medida não teve maior gravidade na Inglaterra, um país fundamentalmente apegado à idéia de liberdade e em que se tinha a garantia de que as restrições à liberdade teriam apenas um caráter temporário[2]. Tal fato mostra com evidência a ineficiência ape-

---

2. A *Regulation 18 B*, que dava às autoridades administrativas o poder de prender os indivíduos durante a guerra de 1939, foi ab-rogada no mesmo dia da vitória.

nas da técnica para garantir a liberdade, em especial nos países em que o executivo não teme o controle do poder legislativo. Essa reserva é importante em nossos dias.

Na própria Inglaterra, o sucesso do *habeas corpus* e os progressos da liberdade foram comprometidos e estancados, durante muito tempo, pela timidez dos juízes, que temiam opor-se ao arbítrio do poder real. Foi, em suma, quando o poder real submeteu-se voluntariamente ao controle dos juízes e quando estes deixaram, em 1688, de temer tal poder que a liberdade dos cidadãos teve, na Inglaterra, uma garantia eficaz.

Como se vê, o *habeas corpus* não tem valor em si, por melhor que seja sua regulamentação. As liberdades do cidadão são garantidas, na Inglaterra, além desse procedimento, por uma opinião pública que deixou de desculpar e de aceitar o arbitrário. De fato, o *habeas corpus* tornou-se, hoje, supérfluo pelo que se pode considerar uma espécie de superação do direito pelos costumes. Ele é ainda utilizado em nossos dias, porém não para estabelecer uma barreira contra as arbitrariedades das autoridades públicas, mas sim para sancionar os abusos da autoridade familiar, ou então para ser uma peça no mecanismo do processo de extradição. É significativo que, na Escócia, onde reina o mesmo clima de liberdade que na Inglaterra, nunca se achou útil importar ou copiar o procedimento do *habeas corpus*, de que os ingleses tinham e têm, com razão, tanto orgulho.

## II. O Estado e o poder público

Nem a palavra *Estado* nem a palavra *administração* pertencem ao vocabulário do direito inglês. Fiel em seu princípio a uma concepção feudal da sociedade, o direito inglês não conhece o Estado: conhece somente a Coroa (*the Crown*). Mal diferenciada do soberano, de quem o termo Coroa visa exprimir a perenidade, a Coroa constitui o poder executivo da Inglaterra, do mesmo modo que as Cortes superiores de Justiça representam o poder judiciário. Ao contrário do Estado, a Coroa, mais personalizada, não tem divisões territoriais, comparáveis aos nossos "départements"\* ou a nossas "communes"\*\*. Ela se identifica com o poder central. Condados, burgos e paróquias, que, à primeira vista, evocam nossas subdivisões territoriais do Estado, são concebidos na Inglaterra como simples agrupamentos de pessoas. São associações dos habitantes do condado, dos habitantes da cidade ou da paróquia, aos quais uma certa esfera de atividade, certos poderes, são reconhecidos segundo o costume ou de acordo com a carta a elas outorgada pela Coroa. Não há, no condado, no burgo ou na paróquia nenhum representante do poder central; a Inglaterra ignora em particular nossos "Préfets"\*\*\*. É evidente, por outro lado, que os agrupamentos de cidadãos, constituídos num plano territorial, são plenamente subordinados ao direito comum; são submetidos, em sua atividade, ao controle das Cortes ordinárias, e estas lhes aplicam a *common law*. No que lhes diz respeito, não se pode distinguir os princípios de um direito administrativo que diferenciaria seu regime do das outras associações. A questão essencial, aqui e ali, é sempre saber se os representantes do agrupamento permanecem ou não no âmbito fixada pela ata que rege a "cor-

---

\* O território francês está dividido em 96 "départements". A França sendo um Estado central, os "départements" equivalem aos nossos estados.
\*\* Municípios.
\*\*\* Representante do Poder Executivo no "département".

poração" – sua carta ou seus estatutos. Ultrapassados os limites desse âmbito, o ato que foi consumado *ultra vires* não pode ser considerado como um ato válido, e obrigando a "corporação"; nada mais é que um ato individual de quem o consumou.

Em presença da autonomia reconhecida às coletividades locais – ou a outras "corporações", tais como as Universidades, ou, numa época mais recente, as entidades como a British Railways e a British Broadcasting Corporation (B.B.C.), ou a inúmeros outros organismos com funções econômicas ou sociais –, as noções francesas de administração e de funcionalismo serão concebidas na Inglaterra, de maneira bem diferente do que na França. Só se considera constituindo a administração, na Inglaterra, a administração central; os empregados das coletividades locais ou das corporações, não sendo "servidores da Coroa" (*Crown servants*), não são considerados como funcionários públicos.

A própria administração central não constitui, para os ingleses, uma noção unitária. Dentre aqueles que ela emprega, o direito inglês reconhece duas categorias – mais ou menos como, quando se considera o judiciário, distinguem-se Cortes superiores e jurisdições inferiores. No *civil service* – a noção inglesa mais próxima de nossa noção de "funcionalismo público" –, distingue-se uma elite, a *administrative class*, que está à frente da administração. É esse grupo restrito, representando apenas um centésimo de todo o "Civil Service", que, para um inglês, jurista ou não, constitui a administração; os demais *civil servants* são considerados muito mais como empregados da Coroa do que como membros da administração.

Os funcionários públicos ingleses – se é possível designar por essa expressão o conjunto dos *civil servants* – estão, como os representantes ou empregados das coletividades locais, submetidos ao direito comum: é conhecida na Inglaterra a noção de um direito administrativo que lhes seria próprio. A responsabilidade desses agentes é regida, em particular, pelo direito comum e é apreciada pelas jurisdições ordinárias; os juristas ingleses rejeitam a idéia de que é possível, a esse respeito, admitir a competência das jurisdições administrativas, que seriam tentadas a conferir aos funcionários uma situação privilegiada.

A submissão dos funcionários públicos ao direito comum tem como corolário o não reconhecimento, na Inglaterra, de uma distinção entre erro pessoal e erro de serviço. Durante séculos, até 1947, proclamou-se na Inglaterra o princípio de que "o rei não pode agir mal", *The King can do no Wrong*. Não é possível, juridicamente, que o soberano tenha agido contrariamente ao direito e que se possa argüir, por conseguinte, a responsabilidade contratual ou delitual da Coroa. O máximo que pode acontecer é um *civil servant* ter agido *ultra vires*, ter aplicado de forma errônea as instruções recebidas, ter agido, ele, pessoalmente, contra o direito. É permitido, então, sustentar a responsabilidade pessoal desse agente; mas a Coroa não será obrigada a reparar o prejuízo daí decorrente. Não há "erro de serviço".

A máxima *The King can do no Wrong* tem sua origem na história. Os processos perante as Cortes Reais eram instaurados obtendo-se um *writ*, pelo qual o rei ordenava que o réu satisfizesse a pretensão do autor. Parecia claro, na Idade Média, que o rei não poderia outorgar esse *writ* contra si mesmo. As Cortes Reais eram feitas para impor o respeito do direito aos súditos; elas não eram uma instituição destinada a limitar o poder do soberano. Bracton podia muito bem proclamar, desde o século XIII, que o rei situava-se *sub*

*Deo et sub lege*. Não existiam regras processuais que pudessem fazer valer esse princípio perante as Cortes Reais. Numa *common law*, que era feita essencialmente de regras processuais – *remedies precede rights* –, não era concebível que os indivíduos pudessem ter direitos (*rights*) na ausência de regras que permitissem exigir esses direitos; daí derivava, no plano processual, aquele adágio.

O prejuízo causado a um indivíduo pela administração não comprometia, juridicamente, a responsabilidade da Coroa, mas poderia suscitar, ao encargo desta, uma obrigação moral de reparação. Desde o fim do século XIII encontrou-se uma solução para esse problema: a *petition of right*. A pessoa lesada não tem nenhum *direito* que lhe permita agir perante as Cortes Reais contra a Coroa, mas pode pedir a esta, como graça, que se deixe julgar como um particular. Ela dirige, para tanto, uma humilde petição ao soberano. Se a petição for deferida, o Home Secretary apõe na petição a menção *Fiat justitia*!, e o processo passa a seguir seu andamento perante as Cortes Reais, como se o réu não fosse a Coroa. O poder do Home Secretary era em tese plenamente discricionário; não se poderia mover uma ação perante às Cortes questionando uma recusa sua. Na prática, era usual autorizar a ação (*Fiat justitia*) todas as vezes que a reivindicação do autor da petição parecia verossímil.

O procedimento da *petition of right* podia ser empregado no caso de inexecução de um contrato por parte da Coroa ou – embora se trate tecnicamente de uma ação envolvendo uma responsabilidade delitual – para reaver bens móveis ou imóveis, caídos sem justa causa sob a posse da Coroa. Em compensação, não podia ser utilizado para argüir uma responsabilidade delitual, baseada num *tort* (dano) cometido por um agente da Coroa em prejuízo de um indivíduo. Nesse caso, o adágio *The King can do no Wrong*, entendido *stricto sensu*, prevaleceria: não se quis admitir que a Coroa pudesse cometer o erro sobre o qual, pelo menos em tese, estava fundada toda responsabilidade delitual, e inclusive a responsabilidade daquele que cometeu um dano.

No entanto, mesmo nesse caso, um outro meio foi encontrado. O ponto inicial estava no princípio de que, se a Coroa não pode ser declarada culpada, nem mesmo suspeita – *honni soit qui mal y pense!* – de ter cometido um erro, um de seus agentes poderia perfeitamente ter cometido um erro, num caso particular. Segundo o direito comum, o indivíduo injustamente lesado pode processar essa agente por crime de responsabilidade. Portanto, ele deve fazê-lo e, se um erro foi cometido, receberá sua indenização. Duas dificuldades, é bem verdade, podem se apresentar.

Primeira dificuldade: pode ser difícil determinar por qual agente da Coroa foi cometido o erro que prejudica um particular; a Coroa, nesse caso, designará *ex gratia* entre seus agentes um réu (*nominated defendant*), um testa-de-ferro (*dummy*) contra o qual será movida a ação. Segunda dificuldade: o agente responsável pelo dano pode ser insolvente; também nesse caso a Coroa poderá intervir, se a eqüidade assim o exigir, dando *ex gratia* o montante necessário para que seja executada a condenação proferida contra o seu agente.

Assim, graças a esses diversos meios, o adágio *The King can do no Wrong* pôde ser preservado na Inglaterra, de acordo com a tradição, sem que daí resulte, em regra geral, numa injustiça. Todavia, em certos casos, os meios que temperavam seu rigor não podiam, por razões técnicas, ser empregados. Por outro lado, o próprio princípio veio a ser considerado como chocante, e isso tanto mais por não ser admitido na Escócia. Uma lei de 1947 ab-rogou na Inglaterra o princípio *The King can do no Wrong*, e desde então pode-se processar diretamente a Coroa para implicar a responsabilidade desta, baseada tanto no direito dos *torts* como no direito contratual.

O Crown Proceeding Act de 1947 permite processar diretamente a Coroa sem passar pelo procedimento, desde então abolido, da *petition of right* ou do testa-de-ferro. No entanto, só foram modificadas as regras processuais pelas quais se pode obter uma indenização da Coroa: o mérito do direito não mudou. Diferenças consideráveis subsistem, quanto ao mérito, entre as condições em que são questionadas a responsabilidade da Coroa e a de um simples particular, a despeito do fato de que os juristas ingleses não têm consciência de que existe em seu país, como na França, um "direito administrativo".

Eis alguns exemplos. Em matéria de contratos, a relação que une a Coroa a seus empregados difere profundamente, sob múltiplos aspectos, da relação que existe, em direito comum, entre o empregador e o empregado (*master and servant*): os empregados da Coroa podem ser despedidos a qualquer momento, mesmo que tenham sido contratados por um tempo determinado (só exercem suas funções *during the pleasure of the Crown*) e não podem mover nenhuma ação para receber pagamento de seu salário. A função pública é, em teoria, a situação mais precária, mesmo se, na realidade, como os juristas observam, é a mais estável e a que oferece maiores garantias. Talvez o próprio princípio que permite à Coroa repudiar um compromisso que assumiu não seja especial no caso do emprego dos funcionários e valha para todos os contratos firmados pela Coroa; certas sentenças aparentemente decidiram assim em casos particulares, mas seu alcance é discutível.

Em matéria de responsabilidade delitual (*torts*), o Crown Proceedings Act de 1947 não modificou de forma alguma as soluções que o direito inglês admitia outrora quanto ao mérito. Certos casos particulares não podem ser tratados pelo direito comum, como é o caso do prejuízo que pode causar a um particular a ação do poder legislativo, do poder administrativo de regulamentar ou do poder judiciário. Disposições particulares permanecem em vigor, por outro lado, em diversas hipóteses, por exemplo no que diz respeito à administração dos Correios, às forças armadas ou aos juízes. Ressaltamos, enfim, que o próprio soberano desfruta de uma imunidade de jurisdição: pode-se mover uma ação contra o Attorney General como representante da Coroa, mas não se pode fazê-lo para comprometer a responsabilidade pessoal de Sua Majestade a Rainha.

A Coroa, sob diversos aspectos, foi colocada numa situação privilegiada em relação aos cidadãos. A obrigação de exibir em justiça documentos apresenta, no que a concerne, particularidades: não há prescrição em relação a ela como há em relação aos particulares. A matéria das formas de execução, sobretudo, encontra-se inteiramente modificada aqui: não se pode obter contra a Coroa nenhuma ordem judiciária, nenhuma ordem de execução forçada, não se pode impetrar contra a Coroa nenhum mandado de segurança, nenhuma execução forçada, nenhuma penhora. O autor que ganha uma ação contra a Coroa obtém apenas, no cartório do tribunal, uma certidão indicando qual soma lhe é devida; ele envia essa certidão ao ministério, que deve executar a sentença, confiando numa execução voluntária; não há nenhum meio jurídico que permita obrigar a administração a executar a sentença.

Pode-se muito bem negar, na Inglaterra, o princípio da distinção entre direito público e direito privado, afirmar a subordinação do poder ao reino do direito (*rule of the law*), declarar que a administração e os funcionários não desfrutam de nenhum privilégio em relação aos simples cidadãos. As diferenças entre o direito francês e o dircito inglês são menos acentuadas por essas fórmulas do que por observações mais concretas. O importante é que, por um lado, não existe, na Inglaterra, uma hierarquia autônoma de jurisdições administrativas; por outro, o estatuto concedido às coletividades locais, que não são consideradas subdivisões do Estado. Os princípios adotados na Inglaterra resultam, na nossa época, numa maior garantia dos direitos dos cidadãos? Muitos juristas ingleses duvidam disso. Toda generalização seria presunçosa, aqui. Na Inglaterra, como na França, reina no fim das contas um mesmo sentimento de a administração deve agir de acordo com o direito. Uma diversidade pode ser notada aqui e ali, em relação às soluções admitidas. Somente estudos abordando pontos específicos podem apreciar se, num país ou no outro, chegou-se a um melhor resultado.

Capítulo V
# *A propriedade* e o trust

## I. A propriedade

O primeiro ponto que chama a atenção do jurista francês ao consultar uma bibliografia ou ao passear numa biblioteca inglesa é a importância e a quantidade de livros que parecem consagrados, no direito inglês, à propriedade. É também sua dualidade: uns, relativamente finos, têm como título *personal property*; outros, muito mais grossos, intitulados *real property*. O que significam esses epítetos, que na França não acompanham a palavra propriedade, e como é que esse tema fornece, na Inglaterra, matéria para volumes tão pesados?

A verdade é que as questões examinadas na Inglaterra sob a rubrica *property* exorbitam, e muito, o âmbito do direito francês das coisas. Consultando o índice das obras inglesas, o jurista francês logo percebe que foi vítima de um engano: a palavra *property*, que pode tê-lo enganado, não quer dizer *propriedade*, como tampouco as palavras *personal* e *real*, ligadas à palavra *property*, podem ser traduzidas pelos adjetivos *pessoal* ou *real*.

Para apreender o direito inglês e os conceitos que formam sua base, é necessário abandonar as idéias francesas, resultantes de séculos de refinamento do pensamento jurídico nas Universidades, voltar a certas idéias básicas, mais concretas, e recordar o papel primordial que a jurisprudência desempenhou no desenvolvimento do direito inglês.

A idéia de direito subjetivo, que nos é familiar, só muito tarde adquiriu a importância que hoje lhe é dada pela doutrina francesa. Não é uma idéia simples. Ainda hoje, não conseguimos conceber a propriedade como um direito distinto da coisa à qual se refere esse direito, e nossa distinção entre bens corpóreos e bens não corpóreos revela a confusão que persiste em nosso pensamento. O que é claro, evidente, é a existência de pessoas, de coisas corpóreas, de ações e de regras processuais que são movidas a propósito de umas ou outras. É necessário um esforço de abstração para conceber o direito sob o aspecto dos direitos; é necessário um esforço muito menor para considerar que as pessoas, as coisas, têm um certo estatuto, são interessadas ou afetadas por certas variedades de atos, constituem o centro em torno do qual se atam certas relações, se estabelecem certos nexos.

Assim foi, outrora, a concepção romana. Assim permaneceu a concepção inglesa. As obras consagradas à *law of property* refletem essa concepção; elas apresentam o estatuto das coisas, expondo notadamente o que essas coisas se tornam quando seu proprietário falece, se torna incapaz ou se casa.

Como o direito francês, o direito inglês evoluiu com o passar dos séculos e, na sociedade complexa de hoje, a noção de coisas, na qual se analisa a de *property*, se estende a bens corpóreos, ao lado das coisas do mundo natural. Existe uma *incorporeal property*, ao lado da *corporeal property*. Se considerarmos os bens corpóreos, também distinguiremos na Inglaterra bens imóveis (*immovable property*) e bens móveis (*movable property*). Todavia, essas distinções não são tão importantes em direito inglês. A distinção fundamental desse direito – embora tenha perdido muita da sua importância – é outra, desconhecida na França, entre *real* e *personal property*.

Em que consiste essa distinção? É muito simples em seu princípio. O direito inglês conheceu, até meados do século XIX, um processo complicadíssimo, no qual uma distinção fundamental era efetuada entre ações pessoais e ações reais. Os direitos do autor, que eram sancionados outrora por ações reais, constituem o que se agrupa sob o vocábulo *real property*; os que outrora eram objeto de ações pessoais constituem a *personal property*. A distinção, como acontece freqüentemente no direito inglês, não tem um fundamento lógico, mas simplesmente uma origem histórica. Na verdade, a distinção entre *real* e *personal property* corresponde, em larga escala, à nossa distinção entre móveis e imóveis, mas isso só é válido aproximadamente, e é preciso estar atento para não confundir as duas distinções. De fato, a origem da distinção inglesa nada tem a ver com a "natureza das coisas", que inspira a divisão entre bens móveis e imóveis. No processo de desenvolvimento das jurisdições reais, que deu origem à *common law*, certos direitos foram garantidos por si mesmos, graças a ações reais, porque apresentavam uma importância particular na sociedade feudal da época. Outros direitos, ao contrário, não tinham a mesma importância aos olhos dos juízes das jurisdições reais; eles só foram sancionados mais tarde por essas jurisdições, que, para ampliar sua competência e conseguir sancionar esses direitos, tiveram de recorrer a uma solução alternativa, considerando a ofensa a esses direitos um ato ilícito, um *tort* causado à pessoa do autor. A distinção não é lógica. Trata-se simplesmente, a princípio, de determinar quais interesses, afetando a paz do Reino, poderiam ser objeto de ações na justiça perante as Cortes Reais, que estavam longe de ter uma competência universal. Que esses interesses tenham sido essencialmente, naquela época, interesses referentes a imóveis não é surpreendente; mas o caráter de bem móvel ou imóvel de um direito não foi o critério utilizado *a priori,* e a distinção entre *real* e *personal property* não se identifica com a de nossos direitos ou ações em bens móveis ou imóveis.

Os interesses dessas duas distinções são, de resto, inteiramente diferentes. Uma vez desaparecido o interesse procedimental, concernente à escolha da ação adequada para proteger seu direito, a importância essencial da distinção entre *real* e *personal property* residiu, antes de mais nada, nas diferentes regras que eram aplicadas e relativas à extinção dos direitos por *causa mortis,* conforme se tratasse de *real property* ou de *personal property* do "de cujus": a sucessão na *real property* comportava a aplicação dos privilégios bem conhecidos de primogenitura e masculinidade, que não cabiam na sucessão de *personal property.* A maneira como se dava a transmissão, a possibilidade também de resolver a sucessão por testamento, diferiam conforme se tratasse de uma ou outra forma de *property.* Contudo, o interesse dessa distinção desapareceu em 1925. As diferenças que subsistem, hoje, entre *real* e *personal property* são menos importantes, mais difíceis de se analisar e, com freqüência, relacionadas com a natureza, móvel e imóvel, dos bens, de sorte que o direito inglês, em larga escala, aproximou-se nesse ponto do direito francês. A principal razão pela qual se mantém essa distinção é a especialização que se deu entre as juristas: a *personal property* interessa, principalmente, aos *common lawyers*, àqueles que, na França, chamaríamos de "comercialistas" [especialistas em direito comercial], ao passo que a *real property*, estudada com um espírito tradicionalista menos ousado, por natureza um pouco desconfiado do *equity lawyer*, em ligação com as práticas e a arte dos *conveyancers*, evoca muito mais, para nós, a idéia de direito notarial[1].

*Property*, como acabamos de ver, não pode ser traduzido por propriedade em direito francês. Como então os ingleses exprimirão a idéia francesa de *propriedade*? O jurista francês ficará surpreso ao deparar, sobre esse ponto, no direito inglês, com uma resposta negativa. A palavra *ownership* corresponde, na língua inglesa corrente, à nossa palavra *propriedade*, mas não é utilizada em matéria de *real property*: uma pessoa pode muito bem ser proprietária de mercadorias, mas nunca é, em sentido estrito, proprietária de uma terra ou de uma casa, de acordo com o direito. Essa observação é curiosa, especialmente num país que não é marxista, e o único país no qual a língua tem um verbo (*to own*) para exprimir a idéia: *ser proprietário de...*

Consideremos agora, mais especificamente, o campo da *real property*. O direito inglês da *real property*, oriundo das concepções em curso na sociedade feudal, passa, aos olhos dos juristas e, mais ainda, dos estudantes ingleses, como uma matéria extremamente complexa, bastante rebarbativa. Talvez por essa razão, e também porque diz respeito, em pequeno grau, ao comércio internacional ou por não servir à descoberta desse "direito comum da humanidade", que foi, por algum tempo, o sonho dos especialistas em direito

---

1. Os *conveyancers* corresponderiam, no Brasil, aos oficiais de registro de títulos. São profissionais do direito (*solicitors*) que, na Inglaterra, ocupam-se das transferências de propriedade em matéria de imóveis.

comparado, essa matéria tenha sido pouco explorada pelos juristas franceses. Mas merece sê-lo, particularmente devido ao esforço de revisão de pensamento que requer desses juristas e da reflexão a que seu estudo induz. Um notável livrinho, intitulado *Introduction to the Law of Property*, publicado em 1958 por F. H. Lawson, convida a essa reflexão, sustentando a tese, iconoclasta, de que o direito da *real property* não é esse amontoado de regras de diversas idades que se imaginou até então e cuja complexidade repelia os estudantes. Muito pelo contrário, desembaraçado de certas regras antiquadas, por ter sido feito em grande parte por leis recentes importantes, e considerado em seus princípios tal como se apresenta hoje, o direito das coisas e, especialmente, o da *real property* não estaria longe da perfeição da razão e seria, devido a um caráter abstrato levado ao extremo, a parte mais lógica de todo o direito inglês.

Há uma nítida oposição entre concepções de base francesas e inglesas em matéria de propriedade. A idéia básica, na França, é a de uma propriedade de tipo unitário, concentrada nas mãos de um titular único, o proprietário, o qual tem o máximo de poderes sobre seu bem: *usus, fructus, abusus*. O título de propriedade assim concebido é tão absoluto e tão completo que é confundido com o bem a que se refere; o Código Civil considera a propriedade como um bem corpóreo, móvel ou imóvel, segundo seu objeto. O direito francês, por outro lado, se distancia pouco, e como que de má-vontade, desse esquema. Ele é hostil a qualquer desmembramento de propriedade. Esses desmembramentos só serão aceitos nos termos e nas condições previstas pela própria lei: a lista dos direitos reais é uma lista limitada. Em caso de dúvida, interpretar-se-á uma situação como originando um simples direito de crédito, e não um direito real. Assim, o locatário, o arrendatário, serão considerados como tendo um simples direito de crédito em relação ao proprietário.

Quase não se percebeu, na França, como essa análise era pouco realista. Recusar-se a ver uma relação direta entre o locatário ou o arrendatário e a coisa supõe uma certa deformação de espírito. Nem a prática nem a própria lei foram capazes de levar às suas conseqüências extremas a concepção teórica que os ultras defendiam da propriedade. As restrições de todas as sortes feitas aos direitos dos proprietários, a teoria das ações possessórias, a jurisprudência sobre as servidões, as leis sobre os aluguéis ou sobre o estatuto do arrendamento, os planos de urbanização, a doutrina do abuso dos direitos, a constituição de comitês de empresa, retificaram no plano prático tudo o que a teoria francesa poderia ter exagerado, a tal ponto que foi possível indagar, de uns tempos para cá, se a propriedade ainda deveria ser considerada como um direito ou se ela não deveria ser analisada como constituindo uma função social, pelo menos em certas hipóteses.

Bem diferente foi a construção inglesa no direito das coisas. De fato, essa construção parte da idéia, sacrílega aos olhos dos juristas franceses mas bastante natural aos homens da Idade Média, de que a propriedade – a propriedade garantida por uma ação real (*real action*) – não existe em relação aos imóveis. Ninguém, exceto talvez o rei, seria capaz de concentrar em suas mãos a totalidade dos atributos de uma propriedade, que também correspondia, nessa época, à soberania. Conseqüentemente, esse princípio não será, no direito inglês como o é no direito francês, a propriedade plena e inteira, direito absoluto e, por assim dizer, ilimitado; o princípio é, muito pelo contrário, o desmembramento da propriedade. Nunca se terá na Inglaterra a propriedade de uma terra; ter-se-á simplesmente sobre uma terra um certo interesse, ou um certo conjunto de interesses. Esse interesse, ou esse grupo de interesses, será denominado *estate*. "Quando os atributos da propriedade são divididos entre várias pessoas, não se tem a ganhar ao dizer que uma delas é o proprietário. Compreende-se claramente essa situação falando-se de *bailor* e *bailee*, *lessor* e *lessee*, *tenant for life* e *remainderman*, ou expressões análogas."[2]

A noção de *estate* exprime a idéia do interesse jurídico que pertence a uma pessoa sobre uma coisa. Baseado nessa idéia, o direito inglês repudia a confusão que se estabeleceu na França entre o direito de propriedade e seu objeto. Ele ignora, da mesma forma, nossa distinção entre direitos pessoais e direitos reais. Arrendatário e locatário têm um *estate* no bem arrendado ou alugado, como tem um *estate* aquele que arrenda ou aluga seu bem; busca-se no direito inglês precisar o conteúdo de cada um desses *estates*, sem julgar necessário, nem mesmo útil, determinar sua "natureza jurídica".

Com a noção de *estate* substituindo assim a noção de propriedade, nada parecerá mais natural na Inglaterra do que os "desmembramentos da propriedade".

---

2. Lawson, *op. cit.*, p. 88. As palavras inglesas citadas no texto são de difícil tradução e ilustram o caráter original das categorias e conceitos do direito inglês. *Lessor* e *lessee* podem ser traduzidos como arrendatário e arrendador; *tenant for life* e *remainderman* correspondem aproximadamente a usufrutuário e nu-proprietário. [O *Tenant for life* corresponderia ao possuidor de imóvel cujo direito de posse está vinculado à vida de uma pessoa e se extingue com a morte desta. O *remainderman* seria a pessoa que se beneficiaria com a parte da herança que não for atribuída a ninguém. (N. do R.T.)] A relação entre *bailor* e *bailee* se estabelece em situações como aquela em que uma coisa é entregue a um transportador, a um depositário, a um comodatário etc.

Estes não serão vistos com o desfavor que por eles tem o direito francês. Há sem dúvida um certo número de *estates*-padrão, que encontramos com maior freqüência na Inglaterra, como o *estate in fee simple*, que corresponde de fato, se não em teoria, ao nosso conceito de propriedade. No entanto, em tese, nada se opõe à criação de novos tipos de *estates*, a não ser a prudência ou as limitadas faculdades de imaginação dos juristas, de um lado, e a variedade limitada das necessidades práticas, de outro. O direito contentou-se em estipular algumas regras imperativas na matéria, a fim de criar obstáculos a certos abusos, do mesmo modo que faz na França no que concerne à liberdade dos contratos. Respeitadas essas reservas, qualquer combinação é válida e pode ser feita em matéria de *estates*, na Inglaterra.

## II. O *trust*

Entre os "desmembramentos da propriedade" que o direito inglês conhece, um dos mais importantes, do ponto de vista prático, é o *trust*. "Quem quiser conhecer a Inglaterra", escreve F. W. Maitland, "mesmo que não se interesse pelos detalhes do direito privado, deverá saber alguma coisa sobre *trust*." "O trust", escreve o mesmo autor, "é uma instituição tão flexível, tão geral quanto o contrato... e, talvez, a realização mais original obtida pelos juristas ingleses. Parece-nos quase constituir um elemento essencial à civilização".

Que é, pois, esse *trust*, cujo nome é familiar no mundo inteiro, mas cuja noção somente os direitos pertencentes à família do direito inglês receberam? Em vez de uma definição que julga impossível, Maitland propõe a seguinte fórmula: "Quando uma pessoa tem direitos que deve exercer no interesse de outra ou para a realização de um objetivo especial dado, diz-se que essa pessoa tem os direitos em questão *em trust* para a outra pessoa ou para o objetivo em causa, sendo chamada de *trustee*".

A situação assim descrita pelo grande historiador do direito inglês se apresenta em múltiplos casos. Por meio do *trust* é assegurada na Inglaterra a proteção dos interesses pecuniários dos incapazes. Em vez de dar a propriedade dos bens ao incapaz e recorrer a um "representante" para geri-los, conferir-se-á a propriedade desses bens a um terceiro, mas fazendo dele um *trustee*, obrigado a exercer seus direitos no interesse do incapaz. Muito embora nos nossos dias a mulher casada tenha deixado de ser uma incapaz, com freqüência a gestão de seus interesses também será assim realizada, pois as técnicas utilizadas na época em que ela era incapaz revelaram-se satisfatórias e foram conservadas.

Os dirigentes de uma sociedade ou de uma associação também poderão ser colocados na situação de *trustees*. O grupo não será, ele próprio, titular de direitos; estes serão atribuídos pessoalmente aos dirigentes, mas com a obrigação, para estes últimos, de exercê-los no interesse dos membros do grupo. O *trust*, na primeira hipótese, substituía por sua técnica a da representação dos incapazes e permitia organizar, numa base diferente da francesa, a matéria dos regimes matrimoniais. Na segunda hipótese, o *trust* se apresenta como uma técnica que permite dispensar, em inúmeros casos, a idéia de personalidade jurídica.

O *trust* também permite dar uma solução ao problema das "fundações". Aqueles que seríamos tentados a chamar, na França, de "administradores" da fundação, na Inglaterra, são titulares, a título pessoal, dos direitos relativos aos bens constituídos em fundação; mas, ao mesmo tempo, são os *trustees* desses bens, obrigados a administrá-los de acordo com o objeto da fundação.

O direito inglês recorre também à técnica do *trust* para organizar a partilha de bens nas sucessões. O morto não tolhe o vivo na Inglaterra. A sucessão, antes de ser transmitida ao herdeiro *ab intestat* ou ao legatário universal, é confiada a um *administrator* ou a um *executor*; este se torna depositário dos direitos que pertenciam ao "de cujus". No entanto, assimilado ao *trustee* (cujo nome não lhe foi dado por uma razão de ordem histórica), o *administrator* ou *executor* deve exercer esses direitos no interesse de todos aqueles (herdeiros, legatários, credores) que têm direitos sobre a herança e que receberão, no fim, parte ou a totalidade desta.

Os poucos exemplos que acabam de ser dados mostram a grande variedade das aplicações feitas do *trust*, quer se trate de um *private trust*, estabelecido no interesse de uma pessoa (o beneficiário do *trust* ou *cestui que trust*), quer se trate de um *purpose trust*, em que os bens do *trust* tornam-se, nas mãos do *trustee*, uma espécie de patrimônio cuja utilização é restrita e que deve ser empregado para certos fins. Vê-se também como, com o *trust*, resolvem-se na Inglaterra questões pelas quais faz-se intervir no continente europeu outros conceitos. A estrutura do direito inglês e a do direito continental europeu são profundamente marcadas pela existência, no primeiro, de uma noção de *trust* que permaneceu desconhecida no segundo.

Pode-se igualmente compreender, com a ajuda dos exemplos dados, por que foi necessário na Inglaterra recorrer à técnica particular do *trust*: porque, devido a causas variadas, as técnicas que foram utilizadas no continente não puderam sê-lo na Inglaterra. Tomemos, por exemplo, o caso dos grupos, associações ou sociedades. Sem dúvida, era possível, na Inglaterra, transformá-los em "corporations", outorgando-lhes uma carta e conferindo-lhes assim personalidade jurídica. Mas esse procedimento teve, durante muito tempo, uma série de inconvenientes. Era caro, atraía para o grupo a atenção e o controle das autoridades; estas podiam, em certos casos, por outro lado – basta pensar na Igreja católica ou nas Igrejas dissidentes –, ser reticentes para conceder a um grupo o privilégio que constituía a outorga da personalidade jurídica, por um estatuto particular. O *trust* eliminava esses inconvenientes. Tomemos também o caso da mulher casada. O direito inglês atribuía ao marido todos os bens desta, portanto nem se cogitava garantir-lhe a "representação": "O marido e a mulher", diz um axioma, "são uma só pessoa, e essa pessoa é o marido". A técnica do *trust* permitia conservar os bens que seriam explorados em benefício da mulher. Inicialmente, da mesma forma, não era possível fazer um testamento dispondo sobre bens imóveis; o *trust* derrubou essa regra da época feudal e permitiu que um imóvel chegasse, definitivamente, às mãos de um verdadeiro legatário.

O *trust* é uma criação da *equity*. Está ligado às condições em que se desenvolveram a *common law* e a *equity*, na Inglaterra, e é por isso que sua transposição, até mesmo sua simples compreensão, por vezes parece ser tão difícil para os juristas do continente europeu, que ignoram essa distinção.

A *common law*, sistema de direito formalista e incompleto, não dava valor jurídico ao *trust*. Se um pai de família S (o *settlor*), preocupado com os interesses de sua filha, transferia os bens a uma pessoa de confiança T (o *trustee*) para evitar que o marido desta os dissipasse, realizava-se de fato uma transferência de propriedade de S a T, mas o compromisso assumido pelo *trustee* de entregar a renda desses bens à filha do disponente e, mais tarde, retransferir-lhe a propriedade dos bens (quando o marido viesse a falecer) não era válido, juridicamente, pois as jurisdições da *common law*, em regra geral, não sancionavam os contratos. Portanto, T só estava obrigado, por sua consciência, a respeitar seu compromisso.

Nessas condições, foi necessária a intervenção do Chanceler, e foi por sua jurisprudência que se desenvolveu a instituição do *trust*. T, a quem os bens foram devidamente transferidos, de acordo com as regras de *common law*, continua sendo juridicamente o proprietário desses bens (*at law*). Mas a *equity* obriga-o a conduzir-se de acordo com as exigências da consciência; a Corte da Chancelaria dará ordem judicial, se for o caso, para que este não traia a confiança (*trust*) que o disponente depositou nele. Se T não obedecer a essa ordem judicial será considerado culpado por contumácia (*contempt of Court*) e mandado para a prisão, onde ficará até o dia em que se decidir a agir de acordo com a consciência. O beneficiário do *trust* (*cestui que trust*) não tem, propriamente, "direitos" a exercer; mas a maneira como a jurisdição de *equity* leva em consideração seu "interesse" (*beneficiary interest, equitable interest*) lhe assegura, na verdade, uma situação comparável àquela que teria o titular de um verdadeiro *direito*.

O mecanismo do *trust* é simples em seu princípio, quando se compreendem as relações que unem *common law e equity*. O direito não é modificado: *equity follows the law*. Mas as obrigações da consciência, que a *common law* imperfeita e tosca de outrora não pôde levar em consideração, passaram a ser sancionadas pela *equity*, de modo que o *trustee* pode ser obrigado, hoje, a agir segundo a consciência. Na prática, todavia, o *trust* deixou de ser uma instituição simples, numerosas regras técnicas foram elaboradas, determinando detalhadamente, nos nossos dias, a conduta que é esperada do *trustee* e as condições em que as Cortes aceitarão intervir.

O *trustee* não é um representante do beneficiário do *trust*; ele é o verdadeiro proprietário dos bens que lhe foram confiados; a *equity* não se posicionou, a esse respeito, contra a *common law*. Proprietário, o *trustee* não tem apenas a função de administrar os bens, mas pode dispor deles. É verdade que a *equity* obriga-o, a esse respeito, a respeitar as instruções que lhe foram dadas no ato constitutivo do *trust* e que ela pode lhe impor, na ausência de tais instruções, que solicite tais instruções à Corte. Não obstante, se o *trustee* infringir essas instruções, esse ato, como foi autorizado *a domino*, é plenamente válido. Poderá acontecer apenas que o direito do beneficiário do *trust* seja transferido para o bem que o *trustee* adquiriu no lugar do bem alienado; ou poderá acontecer que o terceiro adquirente, por conhecer ou dever conhecer a existência do *trust*, substitua o trustee originário e torne-se obrigado, como este último, a exercer no interesse do beneficiário do *trust* o direito por ele adquirido. Essa dupla aplicação do princípio da sub-rogação, feita pela *equity*, originou inúmeras regras técnicas; ao lado dos que são *trustees* de certos bens por haverem aceitado essa qualidade, há outros que tornam-se *trustees* em virtude da lei, que admite *trusts* consentidos implicitamente (*implied trusts*) e mesmo "*trusts* por determinação da lei" (*constructive trusts*).

O *trust*, além dessas hipóteses, tem sua origem, na maioria das vezes, no que somos tentados a chamar de contrato: o constituinte do *trust* e o *trustee* ou *trustees* acordaram que certos bens seriam transferidos de S a T para que T exercesse os direitos adquiridos sobre esses bens em determinado interesse. Todavia, a matéria do *trust*, em direito inglês, é totalmente dissociada da dos contratos. Para o jurista inglês, o contrato é o acordo que, outrora, foi sancionado pela *common law* por meio da ação de *assumpsit*. Já o *trust* é uma matéria que, outrora, dependia exclusivamente da jurisdição do Chanceler; seu funcionamento é garantido por meio de ordens judiciais, determinando ao *trustee* agir de certo modo, e não pela obtenção de perdas e danos pela inexecução de um contrato. O jurista inglês, na sua óptica marcada pelas formas antigas de ação, não encontra no *trust* os elementos fundamentais que caracterizam o contrato.

A verdade é que o *trust*, desprendendo-se pouco a pouco das idéias morais que lhe deram origem, tornou-se gradativamente uma espécie de desmembramento da propriedade. Os direitos sobre um bem são partilhados em dois *estates*: um *legal estate*, que existe de acordo com a *common law* e cujo titular é o *trustee*, e um *equitable estate*, que existe de acordo com a *equity* e cujo titular é o *cestui*. Para saber qual o conteúdo de um e de outro, é necessário referir-se em primeiro lugar ao ato constitutivo do *trust*; mas é necessário também considerar toda a jurisprudência pela qual a Corte da Chancelaria, depois a Supreme Court of Judicature, especificaram, com o correr do tempo, e não raro com extrema minúcia, as condições de funcionamento do *trust*, considerado nas diferentes variedades que comporta.

O *trust* evidencia as dificuldades que existem, longe de qualquer tentativa de unificação, entre juristas ingleses e franceses para uma compreensão recíproca. Essa instituição que aos olhos de uns tem um caráter fundamental, para outros não tem utilidade. O *trust* é, para nós, difícil de ser admitido, pois sua técnica repousa numa distinção – entre a *common law* e a *equity* – que não conhecemos, e seu desenvolvimento está relacionado com idéias (rejeição do princípio *Pacta sunt servanda*, liberdade de instituir novos tipos de desmembramentos da propriedade) que não têm curso entre nós. Além disso, o *trust* nos parece inútil, pois temos na história outras técnicas para resolver os problemas que ele solucionou no direito inglês.

Capítulo VI
## *O direito das obrigações*

O direito das obrigações, que se baseia na sólida fundação do direito romano, é, na França, o âmago do direito privado, que, por sua vez, representa por excelência o direito. A rubrica Direito das Obrigações, em compensação, não é conhecida na Inglaterra, onde só encontramos obras referentes aos delitos civis (*torts*), de um lado, e ao direito dos contratos, de outro (*contract*).

Além dessas duas grandes categorias, nota-se ainda, no direito inglês, a existência de outras categorias, cujo estudo é necessário para quem quiser abraçar a matéria de nosso direito das obrigações. Entre essas categorias, a do quase-contrato, relativamente recente, ainda peca pela imprecisão de seu conteúdo. É interessante, em especial, o conceito inglês de *bailment,* que engloba todas as situações em que uma pessoa tem a posse de um bem móvel, sem que o proprietário se oponha. Nessa situação, o direito francês ressalta a importância do contrato (locação, empréstimo, transporte, hipoteca), que, com freqüência, originou tal situação e do qual derivam, para o possuidor, algumas obrigações; o direito inglês, ao contrário, por motivos históricos, vê aqui, mais que uma questão do direito das obrigações, uma questão de direito das coi-

sas: é invocando seu direito de propriedade, e não as obrigações assumidas em relação a esta, que o proprietário exerce seus direitos, nessa concepção.
1. Os *torts*.
2. O contrato.

## I. Os *torts* (danos)

Na Inglaterra, a matéria da responsabilidade delitual é encarada de uma maneira bem diferente do que na França. Uma fórmula como a do nosso artigo 1 382 do Código Civil, segundo o qual "quem, por sua culpa, causou ao outro um dano é obrigado a repará-lo", pode muito bem exprimir aos olhos de um inglês um preceito moral, mas não poderia ser considerada a expressão de uma regra de direito. O mesmo se dá com a fórmula do artigo 1 384, alínea 1, do Código Civil, segundo a qual é-se responsável "pelo dano causado nas coisas que se tem sob sua guarda".

O direito inglês formou-se no âmbito dos atos processuais pelos quais, na Idade Média, as Cortes Reais vieram a sancionar certos tipos de comportamento. O "registro dos *writs*", que existia no século XIII, evoca mais a Lei das Doze Tábuas do que o nosso direito moderno. A repressão a certos delitos civis era por elas prevista, mas não foi consagrada nenhuma fórmula genérica de responsabilidade. Ainda hoje, fiel à sua tradição, o direito inglês conhece uma série de delitos civis específicos; no *direito dos torts* (*law of torts*), que ele comporta, é necessário relacionar a um *tort* determinado, individualizado outrora por regras processuais, o comportamento do adversário que causou um dano e em virtude do qual espera-se obter uma indenização.

Como os outros campos do direito, a matéria da responsabilidade delitual evoluiu amplamente e foi consideravelmente aperfeiçoada, quanto ao mérito, desde o século XIX. Certos *torts*, previstos pelo direito inglês antigo, tornaram-se caducos. Outros, em compensação, adquiriram uma amplitude que não tinham originalmente, tendo as regras processuais pelas quais eram sancionados se revelado vantajosas e incitando a jurisprudência a ampliar seu domínio de aplicação, devido a essa circunstância. Inúmeros arcaísmos foram eliminados e novos *torts* foram criados pelo legislador, que pôde, assim, intervir para modificar a regulamentação de certos outros *torts*.

A doutrina não ficou inativa. Em particular, ela conseguiu elaborar, acima da diversidade dos *torts*, uma verdadeira "parte geral" relativa a matérias como as causas de exoneração da responsabilidade delitual, a natureza do dano que dá lugar a uma reparação, o montante das indenizações, as condições para propor ação por crime de responsabilidade.

Todavia, a característica mais marcante do novo direito talvez seja a elaboração pelas Cortes, numa obra comparável à que foi realizada na França pela jurisprudência em relação ao artigo 1 384 do Código Civil, de um novo delito civil, o *tort* de negligência, graças ao qual os ingleses não estão distantes de ter estabelecido um princípio geral de responsabilidade.

A evolução que se produziu, aqui mesmo, permanece contudo característica da diferença entre os métodos empregados por juristas franceses e ingleses. Os juízes ingleses em nenhum momento agiram erigindo um princípio geral, análogo ao do nosso artigo 1 382 do Código Civil, de que tirariam em seguida, em relação a diferentes casos, aplicações particulares. Tal método, inconciliável com a própria natureza de um direito jurisprudencial, não poderia ser seguido por eles. O esforço de generalização dos juízes não pôde ir além do reconhecimento da existência, em determinadas circunstâncias, de uma obrigação de vigilância (*duty of care*) imposta a uma pessoa, o réu, nas suas relações com o autor. O direito inglês da responsabilidade civil caracteriza-se em nossos dias por sua tendência em absorver todos os delitos antigos, ou, pelo menos, um grande número deles, pelo novo delito civil de *negligência*. Ele se caracteriza igualmente pelo esforço notável, aí feito, para escapar da generalidade demasiada das fórmulas francesas. Na Inglaterra, mais que na França, procura-se fazer com que o direito determine o que constitui uma falta; os ingleses recusam-se a ver uma falta, geradora de responsabilidade, em todo comportamento contrário às concepções morais ou à conduta considerada normal pelos juízes. A falta é concebida, de maneira mais concreta, como a inexecução de uma obrigação que, segundo o direito e não a simples moral, se impunha naquelas circunstâncias a uma pessoa, a autora do dano, em suas relações com determinadas outras pessoas, entre as quais se encontra a vítima. O dever de vigilância, que é a base de todo delito de negligência, não é uma "obrigação passiva universal", existente *erga omnes*; ela se prende às relações que existem entre motoristas e pedestres, fabricantes de um produto e consumidores, proprietário ou possuidor de um local e pessoas, de diversas categorias, que entram nesse local. A idéia de "relação" existente entre determinados grupos de pessoas está em primeiro plano, do mesmo modo que a encontramos, fora do direito dos *torts*, em matérias como o direito de família (relação entre marido e mulher, pais e filhos, tutor e pupilo), o direito das coisas ou mesmo o direito das obrigações (relações entre proprietários vizinhos, entre proprietário e locador, entre empregador e empregado). O direito inglês, em seus desenvolvimentos mais recentes, continua tipicamente apegado a essa idéia de "relação", que governava a organização da sociedade na época feudal antes de se tornar preponderante a idéia, individualista, de direito subjetivo.

## II. O contrato

"Os contratos, de um modo geral, não são sancionados nas Cortes de Nosso Senhor, o Rei", escrevia no fim do século XVI o primeiro grande jurista do direito inglês, Glanvill. De fato, não havia nessa época nenhum *writ* que permitisse às Cortes de *common law* sancionar as obrigações contratuais. Somente de maneira indireta podia-se, ocasionalmente, conseguir tal sanção, valendo-se de um reconhecimento de dívida emanando do réu (*writ of debt*) ou invocando um direito de propriedade. Nas hipóteses em que o autor havia "arrendado" sua coisa a outro (*bailment*), ele podia exercer seu direito contra o réu (locatário, depositário, usuário, transportador). Além dessas hipóteses, não se podia obter remédio, no caso de inexecução de uma obrigação contratual, a não ser dirigindo-se às jurisdições eclesiásticas ou, às vezes, às jurisdições comerciais.

A decadência de ambas e o desenvolvimento da economia obrigaram as Cortes de *common law* a se interessar pelos contratos. Elas aí chegaram admitindo, numa série de hipóteses, ações on *the case*. Assim, as Cortes de *common law* passaram a considerar como delito *tort of trepass* a conduta daquele que, tendo assumido uma obrigação, executava-a de maneira defeituosa (*misfeasance*) ou, numa época mais recente, não executava (*non-feasance*) essa obrigação.

Da ação delitual de *trespass* e de sua extensão (*trespass on the case* ou, mais simplesmente, *case*), desprendeu-se pouco a pouco uma ação de natureza contratual, que foi chamada de ação de *assumpsit*. Mas muitas características permaneceram, nessa ação, que confirmam sua origem. O que é sancionado pela *common law* não é propriamente a obrigação contratual que foi assumida e a cujo respeito a boa-fé obriga: a *common law* não mandará executar essa obrigação. O que ela leva em consideração é o prejuízo causado injustamente ao autor pela conduta do réu, que assumiu uma obrigação e cumpriu-a de forma inadequada, ou não a cumpriu: o réu será condenado por perdas e danos.

Em que circunstâncias o inadimplemento do réu será sancionado? Partindo de um princípio diverso ao do respeito necessário à palavra dada, a *common law* não dará efeito jurídico a todas as obrigações. Só pode se queixar do inadimplemento de um contrato e obter uma indenização, numa ação de *assumpsit*, quem ofereceu um preço para a promessa de seu contratante. O direito inglês só sanciona, pela ação de *assumpsit*, o inadimplemento (ou a execução defeituosa) dos contratos a título oneroso, aqueles para os quais uma contrapartida (chamada *consideration*) foi dada pelo autor ao compromisso de seu contratante. Os contratos a título gratuito são excluídos da ação de *assumpsit*. Por que o direito inglês deteve-se em seu desenvolvimento e por que sancionou, pela ação de *assumpsit*, apenas os contratos a título oneroso? A explicação está no fato de que sempre foi difícil e aleatório convencer a Corte de que cabia estender a um novo caso uma ação concebida originalmente para outra hipótese. As Cortes Reais, construindo a *common law* de precedente em precedente, só admitiram essa extensão quando havia motivos sérios para fazê-lo. Esses motivos existiam no caso dos contratos a título oneroso: o comércio inglês assim o exigia. Já nos casos dos contratos a título gratuito, os interessados podiam satisfazer-se com os meios proporcionados pela *common law*; bastava sancionar esses compromissos, quando haviam sido assumidos segundo certas formas, ou quando haviam sido cumpridos. A ação de *assumpsit* não se estendia a essas hipóteses.

O direito contratual inglês foi aperfeiçoado, no século XVI, pela intervenção da *equity*. Esta, sem fazer prevalecer o princípio canônico do respeito devido à fé dada (*Pacta sunt servanda*), nele se inspirou; o Chanceler, em certos casos em que o remédio das indenizações por inexecução, conhecido pela *common law*, revelava-se insuficiente, ordenou a execução específica (*specific performance*) dos contratos. No entanto, essa sanção permaneceu excepcional no direito inglês; sua outorga dependia sempre do poder discricionário da Corte e, salvo exceções, só pode ser obtido quando o contrato refere-se a um imóvel. A *equity*, por outro lado, remediou, sob diferentes aspectos, o excessivo rigor da *common law*, a qual ignorava em particular qualquer teoria dos vícios do consentimento. A *common law* só conhecia, na sua teoria do erro (*mistake*), o "erro-obstáculo"; a *equity* desenvolveu paralelamente a teoria da *misrepresentation*, em função da qual considerações de lealdade foram inseridas no direito dos contratos. A *common law* não conhecia senão uma noção bastante estrita da violência (*duress*); a *equity* sancionou a influência indevida (*undue influence*) no caso em que uma das partes abusara da sua situação e da relação particular que a unia a seu contratante, para obter um consentimento que dificilmente lhe poderia ser recusado.

Apesar dessas melhorias, o direito inglês dos contratos ainda era, no início do século XIX, um direito tosco, mal definido em inúmeros pontos e exageradamente rigoroso. A obra da jurisprudência, completada às vezes pela legislação, elaborou desde então um direito que, na realidade, é em grande parte novo, mesmo quando suas soluções são vinculadas a sentenças antigas.

A esse respeito, um exemplo típico é dado pelo desenvolvimento que se produziu em relação ao que chamamos de força maior e à teoria da imprevisão. A *common law* primitiva, mal diferenciada de uma concepção formalista, considerava independentes uma da outra as obrigações assumidas por cada parte num contrato sinalagmático; ela obrigava a executar mesmo aquele que, por motivo de força maior, nada recebia em troca de sua prestação. Contudo, a jurisprudência atenuou gradativamente essa regra, recorrendo a diversos artifícios. Ela introduziu nos contratos "condições implícitas"; elaborou, em particular, numa série de casos, uma teoria denominada *frustration of the adventure*, segundo a qual o contrato tornava-se inoperante se a operação comercial prevista pelas partes (*the adventure*) não pudesse se realizar, em razão das circunstâncias, como as partes haviam previsto. O princípio estrito, proclamado em 1 647 no caso Paradine v. Jane, foi cercado de tantas reservas que servia apenas como cabeçalho, mais ou menos como podemos agrupar sob a rubrica do artigo 1 119 do Código Civil, que proíbe em princípio o estudo de uma estipulação em favor de terceiro muito prática e bem viva. Todavia, a obra da jurisprudência inglesa, entravada por precedentes incômodos, não pôde ser levada a cabo, e as soluções propostas permaneciam imperfeitas: o contrato, no caso de *frustration of the adventure*, só era considerado inoperante para o futuro, e as prestações feitas por um contratante ao outro não poderiam ser devolvidas. O legislador interveio, em 1943, para corrigir a esse título a *common law*. O direito inglês afastou-se, afinal, consideravelmente, de suas posições de origem para se aproximar, sem chegar à identidade, de soluções que são, na França, vinculadas à teoria da causa das obrigações.

Outro desenvolvimento recente refere-se às cláusulas exonerativas de responsabilidade. Na falta de regras legais preestabelecidas, o direito inglês dos contratos funda-se exclusivamente nas declarações feitas pelos contratantes. Sem dúvida, as Cortes têm certa latitude para interpretar essas declarações de modo adequado ao interesse social, e também podemos descobrir no contrato diferentes cláusulas tácitas (*implied conditions*) para proporcionar soluções mais justas; contudo é muito difícil se opor às manifestações de vontade claramente enunciadas pelos contratantes. A jurisprudência tentou em vão fazê-lo, no que concerne às cláusulas exonerativas de responsabilidade. Nesse aspecto, foi necessário que o legislador interviesse. Ele o fez notadamente em 1973, para declarar nulas as cláusulas exonerativas de responsabilidade inseridas por um vendedor numa venda de mercadorias a um consumidor.

Duas observações em especial merecem ser feitas em relação à estrutura do direito inglês em matéria de contratos.

A primeira é que os juristas ingleses, em vez de falarem, como nós fazemos, de direito dos contratos, empregam aqui um singular: *law of contract* (direito do contrato). A razão de tal fato, também neste caso, é histórica. Ela está na circunstância de que existiu na história uma única ação, a de *assumpsit*, para sancionar as obrigações contratuais. A *common law* não se desenvolveu, como o direito romano, sancionando diferentes tipos de contratos, cada um deles comportando uma regulamentação própria. O que foi sancionado na Inglaterra foi a conduta inadmissível daquele que, tendo assumido uma obrigação (*assumpsit*), não a cumpriu. Esse fundamento, com a generalidade que comporta, explica a razão de ter procedido a distinções entre os diferentes contratos que essa ação servia para sancionar. Hoje, quando as regras processuais não mais impõem as mesmas restrições, manifesta-se, em matéria de direito dos contratos, uma tendência paralela à que observamos em matéria de *torts*, para distinguir uma parte geral e "contratos especiais", como se faz nos direitos do continente europeu. A venda de mercadorias (*sale of goods*), à qual foi consagrada uma lei especial, é desde já comumente distinta dos "contratos em geral"; o mesmo se dá, e pela mesma razão, no que diz respeito ao contrato de seguros. Sabe-se, por outro lado, que alguns de nossos "contratos especiais" são tratados, no direito inglês, em outras rubricas que não a de "contrato". É o caso de todas as relações que, na história, não foram sancionadas pela ação de *assumpsit*: relações de representação (*agency*) que dão lugar à ação de *account* (ação de prestação de contas), hipóteses de *bailment* sancionadas pela ação de *detinue*, compromisso do *trustee* sancionado por um remédio de *equity*.

Nossa segunda observação refere-se às relações do direito civil e do direito comercial. O direito inglês ignora essa distinção: a *common law*, no século XVIII, "absorveu" o direito comercial (*ley merchant, lex mercatoria*), transformando-o num direito de aplicação geral, quando antes era visto como privilégio dos comerciantes (*merchants*). Desde essa época, todo o direito inglês dos contratos passou a ser dominado pelas concepções do direito comercial. A unificação do direito civil e comercial, realizada na Inglaterra, é de interesse para os juristas do continente europeu; ela proporciona um tema digno de estudo para os que, na França ou em outros países, preconizam essa unificação, que, de resto, não é sequer certo ter sido realizada, mesmo na Inglaterra, de uma maneira tão completa quanto se pôde pensar.

Sabe-se, por outro lado, que o direito inglês ignora a categoria, familiar aos franceses, do direito administrativo. Por isso, a noção de "contrato administrativo" é desconhecida no direito inglês. É numa teoria geral do contrato, que não distingue, em princípio, contratos de direito privado e contratos administrativos, que poderão ser encontradas, eventualmente, soluções que envolvam de forma mais específica os contratos firmados pelas diversas administrações.

No que diz respeito ao direito dos contratos, partiu-se, na Inglaterra e no continente, de posições bem diferentes. Aqui e lá, porém, as necessidades do comércio moderno acabaram fazendo com que prevalecessem soluções que são em grande parte as mesmas. Direito inglês e direito francês com certeza não são tão diferentes, quanto ao mérito, em matéria de contratos, do que o direito francês e o direito alemão, ou o direito francês e o direito italiano. Não seria impossível, nessa matéria, aproximar ainda mais as soluções de dois direitos: essa obra merece ser tentada. Já uma unificação seria, no estado atual das coisas, impossível de se realizar num plano genérico enquanto as diferenças que existem entre os dois direitos continuem sendo consideráveis no que concerne a conceitos e técnicas. No entanto, mesmo nesse caso, não está de forma alguma excluído que, em matérias especiais, possam, hoje, ser obtidos resultados que seriam inconcebíveis trinta anos atrás. A participação do Reino Unido na elaboração de numerosas Convenções ou leis uniformes relativas ao comércio internacional manifesta o desejo que se tem, tanto na Inglaterra como no continente, de se emancipar das técnicas, por mais apegados que os juristas possam estar a certos hábitos, quando isso for útil para assegurar uma cooperação maior entre os povos e o progresso.

# *Bibliografia*

Ancel (M.), Radzinowicz (L.), *Introduction au droit criminel de l'Angleterre*, 1959.

Benjamin (P.), *Le divorce et la séparation de corps et leurs effets en droit international privé français et anglais. Étude de droit comparé*, 1955.

Burin des Roziers (H.), *La distinction du droit civil et du droit commercial et le droit anglais*, 1959.

Crepeau (P.-A.), *La responsabilité civile du médecin et de l'établissement hospitalier. Étude comparée du droit français, du "common law" et du droit civil de la province de Québec*, 1956.

David (R.), Gutteridge (H.C.), Wortley (B.A.), *Introduction à l'étude du droit privé de l'Angleterre*, 1948.

David (R.), Les grands systèmes de droit contemporains (Droit comparé), *Précis Dalloz*, 8ª ed., 1982.

David (R.), Grivart de Kerstrat (F.), *Les contrats en droit anglais*, 2ª ed., 1985.

Delignières (B.), *Le "writ d'habeas corpus ad subjiciendum" en droit anglais*, 1950.

Duhamel (J.), Dill-Smith (J.), *De quelques piliers des institutions britanniques*, 1953.

Josein (B.), *La responsabilité du transporteurs de marchandises en droit anglais (Transports terrestres)*, 1960.

Lefébure (M.), *Le pouvoir d'action unilatérale de l'administration en droit anglais et français*, 1961.

Leservoisier (Y.), *La responsabilité civile résultant du transport gratuit de personnes en droit français et en droit anglais*, 1966.

Levy (D.), *La responsabilité de la puissance publique et de ses agents en droit anglais*, 1957.

Martin-Pannetier (A.), *Éléments d'analyse comparative des établissements publics en droit français et en droit anglais*, 1966.

Petitjean (H.), *La transmission successorale en droit français et en droit anglais. Étude de droit international privé et de droit comparé*, 1960.

Tunc (A.), *Le droit anglais des sociétés anonymes*, 1971.